CANTATRICE
ET
MARQUISE

COMÉDIE-VAUDEVILLE EN TROIS ACTES

Par MM. Barthélemy et Eug. Fillot

REPRÉSENTÉE POUR LA PREMIÈRE FOIS A PARIS, LE 27 JUILLET 1843, SUR LE
THÉATRE DES DÉLASSEMENTS-COMIQUES.

Prix : 50 cent.

PARIS
J. BRÉAUTÉ, ÉDITEUR
DU RÉPERTOIRE DRAMATIQUE DES FAMILLES ET DES PENSIONS (Théâtre-Comte.)
39, PASSAGE CHOISEUL
A CÔTÉ DU MARCHAND DE TABAC

1843

CANTATRICE
ET
MARQUISE

COMÉDIE VAUDEVILLE EN TROIS ACTES

Par MM. Barthélemy et Eug. Tillot

REPRÉSENTÉE POUR LA PREMIÈRE FOIS A PARIS, LE 27 JUILLET 1842, SUR LE
THÉATRE DES DÉLASSEMENTS-COMIQUES.

Prix : 50 cent.

PARIS
J. BRÉAUTÉ, ÉDITEUR
DU CONSERVATOIRE DRAMATIQUE DES FAMILLES ET DES PENSIONS (Théâtre-Comte)
59, PASSAGE CHOISEUL
A CÔTÉ DU MARCHAND DE TABAC

1842

CANTATRICE ET MARQUISE,

COMÉDIE-VAUDEVILLE EN TROIS ACTES,

Par MM. Barthélemy et Eug. Fillot;

REPRÉSENTÉE, POUR LA PREMIÈRE FOIS, SUR LE THÉATRE DES DÉLASSEMENTS-COMIQUES, LE MARDI 27 JUILLET 1843.

PERSONNAGES.	ACTEURS.	PERSONNAGES.	ACTEURS.
HENRI, marquis de Lusigny.	MM. SEVIN.	ANITA, cantatrice.	Mmes BERGEON.
Le comte LAPERRIÈRE, financier.	CONSTANT.	MARQUITA, sa camériste.	ANAÏS-BELMONT.
MONTRESSANT, chevalier du guet.	POIZARD.	Mme DE LIEVEN.	LAVERNY.
MIRECOURT, } seigneurs.	DOLBEL.	Mlle DE SOLANGES.	ESTHER.
MARIGNON, }	HENRI.	Mme BONNEAU, cabaretière.	THIERRY.
DERVILLY, }	RHÉAL.	SEIGNEURS ET DAMES DE LA COUR.	
GAUTHIER, savetier.	SAGEDIEU.	OUVRIERS.	
THOMAS.	DHERNESTAT.	SOLDATS DU GUET.	
JEAN.	JOUANNE.	VALETS.	

La scène se passe à Paris, sous le règne de Louis XV.

ACTE PREMIER.

Le théâtre représente un boudoir élégant : fauteuils, chaises, pendule sur la cheminée, toilette, avec tout ce qu'il faut pour écrire, et sur laquelle est placé un petit coffre. Portes latérales et de fond.

SCÈNE PREMIÈRE.

MIRECOURT, MONTRESSANT, MARIGNON, DERVILLY.

(*Au lever du rideau, Marignon et Dervilly sont nonchalamment étendus sur un canapé; Mirecourt est assis de l'autre côté du théâtre auprès de la toilette, lisant un journal. Montressant est debout devant la porte qui conduit à la chambre à coucher d'Anita.*)

DERVILLY. — Hé bien ! Montressant, notre soleil est-il enfin levé ?
MONTRESSANT, *descendant au milieu d'eux.* — Pas encore ! Il paraît qu'il y a éclipse ce matin ?
MARIGNON, *regardant à sa montre.* Dieu me damne ! voilà déjà une heure que nous faisons antichambre dans ce boudoir... Anita, ma toute belle, vous abusez étrangement de l'amour de vos nobles adorateurs... Vous leur faites jouer un rôle...
MONTRESSANT. — Eh ! mon Dieu ! auquel tu te feras ainsi que nous, qui depuis deux mois venons assister au petit lever de la cantatrice à la mode, avec autant d'empressement et d'exactitude qu'on nous voit attendre, dans les salons de Versailles, le réveil de Sa Majesté Louis XV... Que diable ! un peu de patience, mon cher ; n'es-tu pas aussi le courtisan d'une jeune et jolie femme ?...
MIRECOURT, *froissant le journal qu'il tient à la main.* — C'est une horreur ! une infamie !...
MONTRESSANT. — Ah ça ! après qui donc en as-tu, baron ?
MIRECOURT. — Parbleu ! après ce misérable gazetier

qui soutient que la débutante qui s'est fait entendre hier au Théâtre-Italien, a du talent... Il ose la comparer et l'opposer comme rivale à la signora Anita, la première chanteuse de France et d'Italie... Le cuistre !

Montressant. — Aussi le public a fait bonne justice... Jamais, de mémoire d'auteur, on n'avait tant sifflé... Deux heures après minuit, tout Paris était endormi, qu'on sifflait encore !...

Mirecourt. — Cette chute est un nouveau triomphe pour notre prima donna, et je veux être le premier à lui annoncer cette heureuse nouvelle.

Montressant. — C'est le même motif qui m'amène... Pourtant, si elle tarde à venir, j'aurai le regret de partir sans la voir... car, en ma qualité de chevalier du guet, M. le lieutenant de police m'a fait mander tout à l'heure dans son cabinet... Il paraît qu'il s'agit d'une importante arrestation.

Mirecourt. — Est-ce que par hasard c'est le comte Laperrière qu'on aurait arrêté ?... Je ne l'aperçois pas parmi nous... à moins qu'un accès de goutte...

Montressant. — Oh ! le vieux fermier-général a encore bon pied, bon œil... Savez-vous que nous avons en lui un concurrent très-redoutable ?...

Mirecourt. — A son âge ?

Montressant. — Près des femmes, les écus n'ont pas d'âge.

Air : *Simple soldat.*

Un financier réussira toujours :
L'or est le nerf de l'amour, de l'intrigue ;
Pour escompter quelques derniers beaux jours,
Auprès du sexe un vieillard est prodigue.
Quand on est riche, on vous aime bientôt ;
Vois nos vieux Crésus de la Banque :
L'âge, chez eux, n'est jamais un défaut,
Pour plaire encore ils ont tout ce qu'il faut.

Mirecourt.
Tout excepté ce qui leur manque.

Montressant. — N'importe ; le comte prodigue l'or et les cadeaux, et, si cela continue, il pourra bien finir par éprouver le sort de ce pauvre marquis de Lusigny, dont on nous racontait dernièrement l'histoire à l'Œil-de-Bœuf.

Marignon. — A propos, sait-on ce qu'est devenu cet extravagant ?

Montressant. — On l'ignore : après s'être ruiné avec le jeu et les femmes, il a disparu tout à coup de la cour et du monde, pour échapper à ses nombreux créanciers !

Mirecourt. — Il avait des goûts singuliers, dit-on ; il aimait surtout à s'encanailler !

Montressant. — Il est homme à s'être marié à la fille de quelque riche commerçant pour refaire sa fortune... car, d'après ce qu'on prétend, il n'avait pas de préjugés... Dieu nous garde, mes amis, de pareilles mésalliances !

Mirecourt. — Le roi, d'ailleurs, ne les aime pas !

Marignon. — C'est sans doute pour complaire à Sa Majesté que, l'un et l'autre, vous allez vous unir bientôt à deux grandes dames...

Mirecourt. — Vous m'y faites penser !... L'autre soir, au dernier cercle du Palais-Royal, il n'était question, chevalier, que de ton prochain mariage avec mademoiselle de Solanges,... Reçois ici mes félicitations.

Montressant. — Accepte aussi mes compliments, baron !... mais je crois les tiens peu sincères !...

Mirecourt. — Et pourquoi ?

Montressant. — Que sais-je ? un reste de dépit peut-être ?... Autrefois, tu as poursuivi longtemps cette jeune dame de tes hommages...

Mirecourt. — Serais-tu jaloux par hasard ?... Il me semble qu'à mon tour j'aurais sujet de me fâcher...

Hier encore, à l'Opéra, tu as échangé avec la marquise de Lieven, sur laquelle j'ai des vues d'hymen, des regards d'intelligence...

Marignon. — Allons, messieurs, cessez, de grâce !... Pourquoi revenir sur le passé, et parler ici de vos nobles futures... occupons-nous plutôt du présent, de la belle Anita... Précisément voici sa camériste, la gentille Marquita, qui vient sans doute nous annoncer sa présence...

SCÈNE II.

Les Mêmes, MARQUITA.

Montressant. — Eh bien ! friponne, comment va ta maîtresse ?

Marignon. — Est-elle enfin visible ?...

Montressant.

Air *du fleuve de la vie.*

Réponds à notre impatience,
D'où vient ce retard aujourd'hui ?
Qu'elle vienne, par sa présence,
Calmer notre amour, notre ennui.

Marquita. — Madame est encore enfermée dans sa chambre à coucher.

Montressant. — Où il n'est pas jour, il paraît ! En ce cas...

Nous attendrons, s'il faut encore,
Pour entrer chez lui ce matin
Que notre soleil ouvre enfin
Les portes de l'aurore.

Marquita. — Ah ! dame, c'est que ma maîtresse est rentrée hier au soir très-tard, et pour être de fort mauvaise humeur... Ce matin, elle m'a sonnée de bonne heure, pour me prévenir qu'elle ne voulait recevoir personne...

Mirecourt. — Personne, excepté nous... car nous ne sommes pas, je pense, compris dans cette proscription ?

Marquita. — Ah, mon Dieu ! tout comme les autres... C'est précisément là ce que je viens vous signifier de sa part...

Montressant. — C'est-à-dire qu'on nous met poliment à la porte.

Mirecourt. — Voilà un procédé qui a lieu de surprendre de nobles gentilshommes comme nous ; et si vous m'en croyez, messieurs, nous lui tiendrons rigueur.

Tous. — Certainement !

Air :

Allons, partons ! notre présence
Est désormais de trop ici ;
Loin de ces lieux que notre absence
Soit notre vengeance aujourd'hui.

(*Ils sortent.*)

SCÈNE III.

MARQUITA, puis ANITA.

Marquita. — Ils sont furieux ! ma foi, tant pis !... Madame !... il était temps !

Anita, *sortant de sa chambre, d'un air agité.* — Quelle heure est-il, Marquita ?

Marquita. — Midi passé, signora.

Anita. — Déjà ! M. le comte Laperrière s'est-il présenté ce matin ?

Marquita. — Oh! lui avant tout le monde!... Mais, pensant que vous reposiez encore, il n'a pas osé enfreindre la consigne que vous m'aviez donnée.
Anita. — Vous avez eu tort de ne pas le prier d'attendre.
Marquita. — Dame! signora, je croyais...
Anita. — Vous savez bien que pour lui seul je suis toujours visible... Précisément j'avais à causer avec lui... Qu'on l'envoie chercher sur-le-champ à son hôtel.
Marquita. — Je vais en donner l'ordre à votre coureur. (*Elle sort par le fond.*)

SCÈNE IV.

ANITA, *seule.*

Ce cher comte! c'est mon unique espoir aujourd'hui... je veux le consulter... parmi tous les gentilshommes qui m'entourent, qui m'adulent, lui seul est digne de ma confiance... Jusqu'à présent il a tout fait pour moi... c'est à lui que je dois mon brillant engagement à l'Opéra-Italien... je veux lui devoir encore la réparation de l'insulte qu'on m'a faite... Quand je songe à la scène d'hier, j'ai peine à me contenir... Oh! ces femmes de la cour, je les déteste à présent!

Air : *Pour le trouver je fus en Allemagne.*

Grâce au hasard de la naissance,
Elles ont titres et blason;
Mais je prétends rapprocher la distance
Qui nous sépare; il ne me faut qu'un nom...
Pour me venger de leurs dédains infâmes,
Oui, je veux, j'en jure ici ma foi,
M'élever jusqu'à ces nobles dames,
En les faisant descendre jusqu'à moi.

Mais que va dire le comte du projet que j'ai conçu? N'importe, il le faut!

SCÈNE V.

ANITA, MARQUITA, *puis* LE COMTE.

Marquita. — Signora, la voiture de M. le comte entre à l'instant dans la cour de l'hôtel... votre coureur l'a rencontré comme il revenait ici... Le voici!...
Anita. — C'est bien... Laissez-moi seule avec lui... (*Marquita sort.*)
Le Comte, *entrant.* — Hé! bonjour! bonjour, ma charmante!
Anita. — Arrivez donc, monsieur le comte!
Le Comte. — Vous m'attendiez, m'a-t-on dit?
Anita. — Avec la plus vive impatience.
Le Comte, *lui baisant la main.* — C'est toujours ainsi que vous m'attendez, n'est-ce pas?
Anita. — Comte, j'ai à vous parler.
Le Comte. — A moi! De quel air vous me dites cela! Voyons, de quoi s'agit-il? Est-ce quelque service que je puisse vous rendre?...
Anita. — Oui, un bien grand!...
Le Comte. — Trop heureux de faire quelque chose qui vous soit agréable... Mais je vois ce que c'est, vous aurez sans doute remarqué une nouvelle parure qui vous fait envie, et dont vous voudriez que je vous fisse cadeau... Enfant! dites un mot, et je cours chez le joaillier...

Anita. — Il est bien question de toilette, de futilités en ce moment.
Le Comte. — Qu'est-ce donc? votre directeur vous ferait-il quelque passe-droit? voudrait-il encore, comme hier, faire débuter une autre femme dans un de vos rôles favoris?... Parlez, et je vais de ce pas employer auprès de lui mon crédit, mon influence...
Anita. — Eh! que m'importe ce qu'il peut faire à présent?... il est libre et moi aussi... Désormais, je renonce au théâtre, à cette vie d'artiste que j'ai tant aimée...
Le Comte. — Qu'entends-je? vous l'honneur de l'Opéra-Italien, vous l'idole de la cour, de tout Paris... vous songeriez déjà à la retraite, à peine à l'apogée de votre gloire... et que diraient nos grands seigneurs, ces nobles désœuvrés des salons de Versailles, tous ces fanatiques enfin qui se pressent au balcon, dans les loges, les jours où vous daignez chanter devant eux?

Air : *Restez, restez, troupe jolie.*

Pour eux vous êtes une reine!
Ils sont alors tous vos sujets;
Leur foule trois fois par semaine,
Vous accable, à chaque succès,
De bravos, de vers, de bouquets
Vous devez être satisfaite;
Pour vous, quel triomphe flatteur!
Mais parmi les fleurs qu'on vous jette,
Vous êtes la plus belle fleur!

Anita. — Oui, au dedans les bravos, les couronnes de fleurs, puis au dehors le mépris, l'insulte!...
Le Comte. — Que voulez-vous dire?
Anita. — Que je suis lasse à la fin de me voir humiliée par vos grandes dames... Hier encore, en sortant du spectacle, où je m'étais glissée incognito pour entendre la nouvelle débutante, au milieu de la foule qui se pressait dans le grand escalier du théâtre, j'ai été insultée par l'une d'elles...
Le Comte. — Vous? Et que lui aviez-vous fait?
Anita. — Je l'avais coudoyée par hasard!... Je ne sais si, en se retournant vivement vers moi, elle m'avait reconnue; mais elle me dit avec dédain : « Restez donc en arrière, ma fille; vous coudoyez une marquise. » A ces mots, je devins pâle de colère; j'allais répondre, lorsqu'en présence des curieux qui nous entouraient déjà, je reçus l'affront le plus sanglant qu'on puisse faire à une femme : elle osa me toucher au visage du bout de son éventail, en me menaçant du Fort-L'Évêque...
Le Comte. — Grand Dieu!
Anita. — Puis elle regagna sa voiture, et moi la mienne, dans laquelle je me précipitai, des pleurs de rage dans les yeux...
Le Comte. — Quelle aventure! vous m'en voyez pétrifié... Mais son nom, le nom de cette dame, le savez-vous?
Anita. — J'ai appris que c'était une certaine marquise de... Liéven, je crois!...
Le Comte. — La marquise de Liéven! je ne m'étonne plus.. la femme la plus hautaine, la plus fière qui existe à la cour...
Anita. — Rentrée chez moi, je n'ai presque pas dormi... aussi, cette nuit, j'ai fait un serment... et un rêve qui deviendra, j'espère, une réalité.

Air d'*Arweld.*

J'avais aussi des titres de noblesse,
J'étais fêtée, honorée, à mon tour;
Dans mes salons on m'appelait comtesse,
Et chacun me faisait la cour.
Puis avec dépit chaque femme
Près d'elle me voyait briller;
Puisque j'étais en songe grande dame,
Je ne veux plus me réveiller.

Le Comte. — Quel est votre projet ?
Anita. — Eh bien ! je veux avoir un rang, une position, un titre.
Le Comte. — Quel nouveau caprice, ma chère enfant !
Anita. — Ce n'est point un caprice, c'est une immuable volonté.
Le Comte. — Ce que vous demandez est impossible.
Anita. — A mon tour, je veux être marquise, baronne ou duchesse, épouser un homme de qualité, afin de marcher de pair avec vos dames de la cour...
Le Comte. — Permettez, permettez, ma toute belle; entraînée par le dépit, aveuglée par la colère, vous pensez...
Anita. — Je pense à me venger.
Le Comte. — Mais je vous ferai observer...
Anita. — Point d'observations ! Ah ! la noblesse me méprise parce que je ne suis pas noble ! Eh bien ! malgré elle, malgré vous, je le deviendrai, quand je devrais vous épouser...
Le Comte. — M'épouser, moi... eh bien ! et ma femme !... Vous ne vous rappelez donc plus que j'ai le malheur d'être marié...
Anita. — C'est vrai; dans mon trouble, je l'avais oublié ! pardon !...
Le Comte. — Il n'y a pas de quoi ! sans cela je me serais déjà offert... Mais où trouver un autre seigneur de bonne volonté qui consente comme ça tout de suite...
Anita. — Je vous le répète, fût-il vieux, jeune, riche ou pauvre, il me faut un noble pour époux !... Parmi les comtes, les barons, les ducs, n'avez-vous pas des amis, des connaissances ?... Voyez-les... agissez... c'est vous que je charge du soin de cette affaire...
Le Comte. — Moi ? En voici bien d'une autre !
Anita. — Ainsi allez, cherchez... et ne reparaissez jamais devant moi, si vous ne trouvez pas aujourd'hui même l'objet de mes désirs...
Le Comte, à part. — C'est qu'elle le ferait comme elle le dit ; je connais son caractère décidé... sa jeune tête italienne...
Anita. — Comte, vous m'avez entendue ; quand je commande, je veux être obéie...
Le Comte. — Eh quoi ! cruelle ! c'est à moi que vous donnez une semblable commission, à moi qui vous aime tant, malgré vos rigueurs...
Anita. — Qui vous empêchera de m'aimer toujours de même ?
Le Comte. — Eh mais... votre futur mari ?...
Anita. — Il ne le sera jamais que de nom... c'est son titre seul que je prétends épouser...
Le Comte. — Il serait vrai ! Alors je pourrai, comme par le passé, continuer à vous voir, à vous faire ma cour ?...
Anita. — Je ne promets rien d'avance ; réussissez d'abord !
Le Comte. — Oh ! je réussirai ! il me manquait cette certitude !...
Anita. — Dépêchez-vous donc !...
Le Comte. — Maintenant j'ai des ailes aux talons !...

Air de *Robin des Bois*.

Quoi qu'il m'en coûte, à l'instant je vous quitte ;
Vous me voyez à vos ordres soumis,
Et de ce pas, je cours rendre visite.
A nos seigneurs qui sont tous mes amis.

(*Il sort.*)

Anita, *le regardant partir*. — Pauvre comte ! je le plains ! Que de complaisances ! ça doit faire un bon mari !...

Marquita, *entrant*. — Signora.
Anita. — Hé bien ! qu'est-ce ?...
Marquita. — Je viens d'apercevoir, de la fenêtre du petit salon, M. le baron de Mirecourt qui traversait la cour de l'hôtel... le recevez-vous ?...
Anita, *à part*. — Je dois ménager ces jeunes seigneurs à présent. (*Haut.*) Je passe dans ce cabinet ; vous le prierez d'attendre. (*Elle rentre dans sa chambre.*)
Marquita. — Cela suffit, signora.

SCÈNE VI.

MARQUITA, MIRECOURT, *un peu après* MONTRESSANT.

Mirecourt, *entrant, à part*. — Enfin, me voici seul dans la place... (*L'apercevant.*) Ah ! c'est toi, Marquita ! Hé bien !... le baromètre est-il toujours à la tempête ?...
Marquita. — Il est au beau fixe.
Mirecourt. — Il paraît que le vent a tourné !...
Marquita. — Et vous aussi à ce que je vois !
Mirecourt. — Tu ris, friponne, parce que je reviens après la promesse que j'avais faite, n'est-ce pas ? C'était un piége pour évincer mes rivaux... Montressant était le plus à craindre ; pour m'en débarrasser, je lui ai donné rendez-vous au Palais-Royal... Ainsi tu vois que personne ne viendra troubler le tête-à-tête que je sollicite de ta charmante maîtresse... Cours donc lui annoncer ma visite.
Marquita. — C'est inutile, monsieur le baron, madame sait déjà que vous êtes ici.
Mirecourt. — Vraiment ! en ce cas, retire-toi... j'ai besoin d'être seul. (*Il se jette dans une large bergère.*) Je me sens en verve... et en l'attendant, je veux lui improviser le joli quatrain... que j'ai entendu hier.
Marquita. — A votre aise, monsieur le poëte ; je vous laisse à votre inspiration. (*Elle sort.*)
Mirecourt. — O ma mémoire, viens à mon aide !... tâchons de nous rappeler... Prenons d'abord une prise de tabac ; il n'y a rien de tel pour donner des idées...
Montressant, *entrant mystérieusement et regardant autour de lui*. — Personne ! je m'en doutais. Je vais donc me trouver seul avec la belle Anita, la voir, lui parler sans témoin... cette occasion m'a toujours manqué... Avant qu'elle vienne, j'ai bien envie de lui tourner un madrigal de ma façon... la poésie prépare l'âme aux douces émotions... Plaçons-nous dans ce fauteuil. (*Il s'assied dans une bergère à l'autre bout du théâtre.*)
Mirecourt. — Je crois que je tiens mon quatrain...
Montressant. — O ma muse, inspire-moi quelque chose de neuf, de gracieux. (*Il écrit.*)
Mirecourt. — Écrivons.

Sous votre empire, adorable inhumaine.

Montressant. — Ah ! j'y suis, ces vers du poëte Accelly me reviennent heureusement à l'esprit.

Sous votre empire, adorable inhumaine.

Tous deux.

Depuis longtemps que mon cœur a de peine !

Mirecourt. — Diable ! je ne me souviens plus des deux derniers vers !

Montressant.

De ma souffrance ayez quelque pitié !

Mirecourt. — Si quelqu'un pouvait me souffler !

MONTRESSANT.
J'ai trop d'amour, prenez-en la moitié.
MIRECOURT. — Ah! voilà que ça me revient.
De ma souffrance ayez quelque pitié ;
J'ai trop d'amour, prenez-en la moitié.
Ouf! ce n'est pas sans peine... Relisons... (*Il éternue.*)
MONTRESSANT, *occupé à écrire*. — Dieu vous bénisse!
MIRECOURT. — Grand merci! Ah ça! je ne suis pas seul ?...
MONTRESSANT. — Quelqu'un ici! (*Se retournant tous deux.*)

ENSEMBLE.
AIR :
Ah! la rencontre est singulière!

MONTRESSANT.
Quoi, Mirecourt!

MIRECOURT.
C'est Montressant.
A te voir là, je ne m'attendais guère!

MONTRESSANT.
Je te croyais bien loin, vraiment.

ENSEMBLE.
Au Palais-Royal, ce me semble,
Nous devions-nous trouver tous deux.
Le hasard ici nous rassemble ;
Pour ce rendez-vous, c'est heureux !

MIRECOURT. — Eh! que diable faisais-tu là, chevalier?...
MONTRESSANT. — Et toi, baron?
MIRECOURT. — Je composais de petits vers badins en l'honneur de notre belle inhumaine.
MONTRESSANT. — Précisément j'en rimais aussi quelques-uns.
MIRECOURT, *lui remettant ses tablettes*. — Tiens, dis-moi franchement ton avis.
MONTRESSANT, *de même*. — Je te recommande les miens...(*Après avoir lu*.) Eh! mais, c'est mon madrigal!
MIRECOURT. — C'est mon impromptu! (*Riant*.) Ah! ah! le tour est original!..
MONTRESSANT, *riant aussi*. — Que veux-tu, mon cher, les beaux esprits se rencontrent ; mais silence! quelqu'un vient!
MIRECOURT. — C'est elle! c'est la signora!...

SCÈNE VII.

LES MÊMES, ANITA.

MIRECOURT. — Salut à la charmante Anita !
ANITA. — Pardon, messieurs, de m'être fait attendre si longtemps ; je ne croyais pas avoir le plaisir de vous voir aujourd'hui!...
MONTRESSANT. — Nous avons été témoins hier de la chute de votre rivale... et nous étions venus ce matin...
ANITA. — Je sais que vous m'êtes tout dévoués... mais il ne fallait pas que le désir de flatter mon amour-propre de comédienne vous retînt à Paris?... Que va dire Versailles?...
MIRECOURT. — N'êtes-vous pas notre reine ?
ANITA. — Reine sans cour!
MIRECOURT. — Ne formons-nous pas la vôtre?...
ANITA. — Je n'ai ni titres ni qualités pour cela!...

MONTRESSANT. — Des titres ?... n'en avez-vous pas à notre estime, à nos hommages, par votre beau talent... des qualités ?... vous en êtes remplie... il suffit de vous regarder...
ANITA. — Mais ils ne sont pas inscrits sur mon blason!...
MONTRESSANT. — Ils le sont sur votre jolie figure... cela ne vaut-il pas mieux... Toutes nos dames de la cour ne pourraient pas en dire autant!...
ANITA. — Elles ont au moins leur noblesse pour les consoler... Moi, auprès d'elles, je ne suis rien qu'une simple comédienne, digne tout au plus du purgatoire.
MIRECOURT. — Et nous venons nous damner avec vous... tandis que nos marquises et nos baronnes se plaignent de notre absence.

ANITA.
AIR : *A ces beaux noms*.
Vous avez tort, ce sont de grandes dames ;
Vous leur devez amour, fidélité.
Que sommes-nous auprès, nous autres femmes ?
Nous n'avons rien, rien que notre beauté.
En les voyant chacun leur rend hommage ;
De leur noblesse on ne peut pas douter,
Car elles ont pris le soin de porter
Leurs parchemins sur leur visage.

MONTRESSANT. — Vous n'aimez pas nos grandes dames !
ANITA. — Et ce n'est pas sans motif!... Mais j'ai peut-être tort de les railler devant vous, qui leur devez tant de bonnes fortunes !
MIRECOURT. — Pures calomnies, signora !
MONTRESSANT. — Pouvez-vous bien nous croire capables ?...
MIRECOURT. — Nous qui, depuis deux mois, mourons d'amour pour vous !...
ANITA. — Vous m'adorez, dites-vous ? Eh! mon Dieu ! tous vos amis m'en disent autant chaque jour... Vous conviendrez que je ne puis pas vous aimer tous à la fois.
MONTRESSANT. — Sans doute ! mais ce n'est pas une raison pour être également cruelle envers tous... Décidez-vous en faveur de l'un de nous... quel qu'il soit, nous jurons de respecter votre choix !
ANITA, *à part*. — Eh mais, j'y pense!... si parmi eux je pouvais trouver... (*Haut*.) Eh bien! monsieur de Montressant, je suivrai votre conseil...
MONTRESSANT. — En ce cas, qu'un mot de votre bouche nous fasse enfin connaître...
ANITA. — Pas en ce moment, mais ce soir ; précisément ce n'est pas jour d'opéra aujourd'hui : j'inviterai quelques-unes de mes camarades, avec lesquelles je vous engage à venir souper, vous et vos amis... Et là, en présence de tous, je réclamerai de l'un de vous l'accomplissement des sacrifices que, chacun en particulier, vous prétendez être tout prêts à faire pour mériter mon amour. (*A part*.) En voici déjà deux que je crois assez bien disposés. (*Haut*.) Permettez, messeigneurs, que je prenne congé de vous... Quelques préparatifs à faire... quelques ordres à donner...

AIR :
Allons ! messeigneurs, au revoir !
Je compte ici ce soir
Sur votre exactitude ;
De notre souper, moi, je vais
Surveiller les apprêts.
Ainsi, tenez-vous prêts ;
Ne manquez pas, surtout !

MONTRESSANT.
De vous complaire en tout
Nous nous sommes fait une étude

ANITA, *à part.*
Parmi tous ces seigneurs
Qui briguent mes faveurs,
Je veux choisir enfin
Un mari de ma main.

Reprise.
ENSEMBLE.
ANITA.
Allons, messeigneurs, etc.

MONTRESSANT *et* MIRECOURT.
Allons! belle dame, au revoir!
Comptez ici ce soir
Sur notre exactitude.
De votre souper plein d'attraits
Surveillez les apprêts,
Bientôt nous serons prêts!

(*Anita sort en faisant à chacun d'eux un signe d'intelligence.*)

SCÈNE VIII.

MIRECOURT, MONTRESSANT, *un peu après* LE COMTE.

MONTRESSANT, *à part.* — Dieu! quel coup d'œil elle m'a lancé!

MIRECOURT, *de même.* — Je crois qu'elle m'a souri!

MONTRESSANT. — Ah ça! baron, comprends-tu quelque chose aux paroles ambigues de la signora?... Quel peut être ce grand sacrifice qu'elle exige de nous?

MIRECOURT. — Je l'ignore comme toi... Mais j'entends le comte Laperrière, qui va nous dire...

LE COMTE, *entrant sans les voir.* — Ouf! je suis harassé... moulu! partout des refus obstinés. Comptez donc sur les amis!

MIRECOURT. — Ah çà! cher comte, d'où vous vient cet air affairé?

LE COMTE, *les apercevant.* — Ne m'en parlez pas; depuis ce matin je cours dans ma voiture à perdre haleine! moi et mes chevaux nous sommes sur les dents...

MONTRESSANT. — Pauvres bêtes!

LE COMTE. — Figurez-vous!... (*À part.*) J'ai bien envie de leur faire des ouvertures... Qu'est-ce que je risque!

MONTRESSANT. — Eh bien!

LE COMTE. — Eh bien! la signora m'a chargé de lui trouver... Je vous le donne en mille!...

MONTRESSANT. — Un épagneul?

LE COMTE. — Pas tout à fait.

MONTRESSANT. — Mais encore!

LE COMTE. — Un mari!

MIRECOURT. — Allons donc! vous voulez rire!

MONTRESSANT. — Un mari? et que diable veut-elle en faire?

LE COMTE. — La belle demande! Mais vous avez beau plaisanter, messieurs, rien n'est plus sérieux... et j'ai vingt-quatre heures pour le trouver... Que dis-je? vingt-quatre heures? (*Regardant à sa montre.*) je n'ai plus que vingt-une heures trente-sept minutes et demie.

MONTRESSANT. — Et c'est vous, mon cher comte, qui vous prêtez à un pareil caprice, vous qui l'aimez tant... nous ne le souffrirons pas... Il serait beau de voir en effet cette perle tomber entre les mains de quelque grossier personnage, de quelque aventurier sans nom, sans fortune!...

LE COMTE. — Mais vous n'y êtes pas, messieurs... la signora donner dans la roture, fi donc! Ce qu'il lui faut, c'est un mari de bonne maison, un homme de franche noblesse, comme vous et moi!

MIRECOURT. — Un noble, dites-vous? cela devient plus piquant.

LE COMTE. — Que voulez-vous! elle tient à avoir un titre! Ah! si je n'étais pas marié!

AIR *de l'Artiste.*
Je voudrais sur mon âme
Pouvoir rompre mes nœuds;
Sur mes amours, ma femme
Pourtant ferme les yeux.
Elle devrait, je pense,
Pour que le trait fût neuf,
Pousser la complaisance
Jusqu'à me rendre veuf.

Malheureusement je suis encore sous le joug!... Mais vous, messieurs, qui êtes jeunes, bien faits et libres surtout...

MIRECOURT. — Oh! libres! d'abord nous ne le sommes pas tout à fait.. et puis, les préjugés, mon cher...

LE COMTE. — Ah, mon Dieu! les préjugés sont des préjugés.

MONTRESSANT. — Trouvez-moi donc à la cour un grand seigneur qui n'en ait pas? Ah! si fait! un seul pourtant!...

LE COMTE, *vivement.* — Ça doit être un homme d'esprit!

MONTRESSANT. — Eh, parbleu! vous devez le connaître? c'est le marquis de Lusigny.

LE COMTE. — Vous croyez qu'il consentirait...

MONTRESSANT. — A tout! pour quelques pièces d'or, il épouserait dix femmes à la fois...

LE COMTE, *à part.* — Oh! quel trait de lumière! (*Haut.*) Et il est bien noble!...

MIRECOURT. — De noblesse de quinze cents ans! Autrefois il menait grand train!

AIR : *De sommeiller encor, ma chère.*
Il possédait maint beau domaine,
Quinze clochers, douze châteaux,
Des paysans qu'il comptait par centaine,
Des fermes, de nombreux troupeaux!
Mais par son luxe et sa dépense folle
Il mangea tout, il sut tout dévorer.

LE COMTE.
Ce qui m'étonne ici, sur ma parole,
C'est qu'il ait pu tout digérer (*bis*).

Et où demeure-t-il?

MONTRESSANT. — Il ne demeure plus; il a disparu de la cour depuis plusieurs années... On le croit relégué dans le fond de quelque faubourg de Paris, où il s'est fait peuple.

MIRECOURT. — Où il vit, dit-on, plus gueux que Job.

LE COMTE. — Merci! Je cours de ce pas... (*Fausse sortie.*)

MIRECOURT. — Où donc?

LE COMTE. — A la recherche de ce fortuné mortel!

MONTRESSANT, *à Mirecourt.* — Il y tient! Il prend décidément la chose au sérieux.

LE COMTE. — Comment? est-ce que le marquis de Lusigny serait un conte?...

MONTRESSANT. — Le marquis existe réellement; mais ce qui n'est pas sérieux, c'est ce que vous a dit Anita... Je ne puis croire encore à ses prétentions aristocratiques, à cette velléité d'ambition... Elle aura voulu se jouer de vous, exciter votre jalousie.

MIRECOURT. — En tout cas, nous saurons tout à l'heure à quoi nous en tenir... Nous soupons ce soir tous avec elle...

MONTRESSANT, MIRECOURT.
AIR de *Micaela.*

Allons, l'heure s'avance.
Comte, adieu ; bonne chance !
Nous conservons l'espoir.
Il faut attendre encore ;
Mais celui qu'elle adore
Sera connu ce soir.

(*Ils sortent*).

SCENE IX.

LE COMTE, puis ANITA.

Le Comte. — Enfin, me voici sur la trace de l'homme qu'il me faut !... il ne s'agit plus que de mettre la main dessus...
Anita. — Hé bien ! comte, quelle nouvelle ?
Le Comte. — Réjouissez-vous, signora ; on vient tout à l'heure de me parler d'un certain marquis de Lusigny...
Anita, *avec satisfaction*. — Un marquis !... Ah !
Le Comte. — Que ses prodigalités et son luxe effréné ont ruiné complètement... On le dit accommodant en matière de mariage... Pour un peu d'or, on aurait bon marché de ses titres et de ses parchemins... J'ai des renseignements...
Anita. — Vous l'avez vu ?
Le Comte. — Pas encore.
Anita. — Mais vous savez où le trouver ?
Le Comte. — Pas davantage.
Anita. — Et ce sont là vos renseignements ?
Le Comte. — Ce que je sais, c'est qu'il vit misérablement dans un des faubourgs de Paris, au milieu du peuple qui lui a donné asile.
Anita. — La fortune l'a maltraité, tant mieux... je suis riche, je puis réparer ses torts .. Mais, avant tout, je veux sonder les dispositions des nombreux seigneurs que je reçois ici... Au moins ceux-là je les connais, et je pense...
Le Comte. — Désabusez-vous, signora. Je viens à l'instant d'avoir avec plusieurs d'entre eux une conversation sur ce chapitre...
Anita. — Et vous supposez...
Le Comte. — Qu'ils vous aiment assez pour faire de vous leur maîtresse, mais jamais leur femme...
Anita. — Comment ! M. de Montressant qui tout à l'heure encore...
Le Comte. — Est l'amant de mademoiselle de Solanges, et d'autant plus amoureux qu'il redoute les assiduités de Mirecourt, qui lui a longtemps disputé le cœur de cette jeune dame...
Anita. — Il est probable que M. de Mirecourt a renoncé à des prétentions...
Le Comte. — Je n'en sais trop rien ; quoi qu'il en soit, le baron est sur le point de s'unir à madame de Liéven, que devait épouser autrefois le chevalier de Montressant.
Anita. — Madame de Liéven ?
Le Comte. — Ignoriez-vous qu'ils étaient rivaux, et qu'il suffirait d'une étincelle pour rallumer le feu de leur jalousie.
Anita. — Quoi ! le baron serait l'amant de cette femme ? Je comprends maintenant : c'est le dépit qui fut hier le mobile de sa conduite envers moi.
Le Comte. — Elle aura sans doute appris les visites fréquentes que vous fait le baron, et alors... Quant aux autres, ils ont mis en avant les préjugés attachés à leur naissance, à leur rang, de nobles alliances en perspective...
Anita. — Et moi qui m'étais fiée follement à leurs protestations d'amour... Dès aujourd'hui je romps avec eux, je ne veux plus les voir.
Le Comte. — Mais ne doivent-ils pas venir ce soir même souper avec vous ?...
Anita. — En effet, j'avais un projet... inexécutable à présent... et je vais à l'instant contremander mes invitations.
Le Comte. — C'est assez logique, et j'approuve..
Anita, *à elle-même*. — Mais j'y songe ! si je profitais, au contraire, des confidences que vient de me faire le comte pour... Oui, c'est cela... Tout bien décidé, j'aime mieux qu'ils viennent... Ah ! messieurs de la noblesse, vous avez cru vous jouer impunément de moi... eh bien ! je me vengerai de vous tous ; je connais maintenant vos intrigues de cour, vos jalousies, vos rivalités, et je prétends en tirer parti. (*Elle se met vivement à écrire.*)
Le Comte, *à part*. — Que fait-elle ? elle écrit : A qui donc ?...
Anita, *à part*. — Ils ne se doutent pas de la surprise que je leur ménage.
Le Comte, *de même*. — J'ai beau chercher, je ne comprends rien à cette intrigue épistolaire... (*Haut.*) Ah çà ! ma toute belle, est-ce que vous ne pensez pas à décommander votre souper ?
Anita. — Au contraire, je veux qu'il soit plus brillant que jamais...
Le Comte. — Je n'y suis plus du tout.
Anita. — Envoyons d'abord ces deux lettres. (*Elle sonne.*)
Le Comte. — Ah çà ! vous allez m'expliquer...
Anita. — Plus tard ! en attendant, partez, courez, informez-vous de ce marquis de Lusigny... il y va de mon bonheur à venir, de ma sûreté personnelle... Je vous avoue que je ne serais pas flattée d'aller ce soir coucher au Fort-L'Évêque.
Le Comte. — J'irais plutôt y coucher moi-même...

AIR de *la Servante du Curé.*

Ne craignez plus rien,
Tout ira bien,
De la prudence !
J'ai bonne espérance !
De réussir j'ai le moyen.

ANITA.
Revenez de ce pas
Me sortir d'embarras ;
Sur le choix d'un époux,
Je m'en rapporte à vous.

Reprise.
ENSEMBLE.
Ne craignez plus rien, etc.

(*Le comte sort.*)

Marquita, *entrant*. — Vous m'avez sonnée, signora ?...
Anita. — Tenez ! ces deux lettres à leur adresse !... qu'on ne perde pas une minute !
Marquita. — Oui, signora ! Ah ! j'oubliais... M. de Montressant est là qui demande à vous parler...
Anita. — Le chevalier, déjà ! que me veut-il ?... Faites entrer !... (*Marquita sort.*) Mais avant tout, terminons ma correspondance.

SCÈNE X.

MONTRESSANT, ANITA.

Montressant. — Pardon, belle signora ; je vous dérange !... vous écriviez ? veuillez continuer de grâce !...

ANITA. — Puisque vous permettez! quelques invitations à faire... et je suis à vous. (*Elle se remet à écrire.*)
MONTRESSANT. — J'attendrai!... (*A part.*) Pauvre petite femme! elle ne se doute pas du motif qui me ramène, ni que j'ai là, dans ma poche, une lettre de cachet lancée contre elle... Le lieutenant de police vient de me la remettre à l'instant, avec recommandation de la mettre à exécution avant sept heures; et voilà qu'il est six heures et demie; la position est étrange! Pourtant je dois obéir! Si les fonctions de chevalier du guet m'ont procuré jusqu'ici quelques bonnes fortunes... il faut avouer qu'en ce moment elles me mettent aux prises avec une contre-partie fort embarrassante.
ANITA *sonne; un domestique paraît.* — Faites porter ces lettres sur-le-champ!... Maintenant, chevalier, venez vous asseoir auprès de moi, et causons...
MONTRESSANT, *à part, allant s'asseoir auprès d'elle.* — Elle n'a jamais été si aimable; c'est comme un fait exprès... (*Haut.*) Je m'applaudis, madame, de vous trouver seule; j'aurais été désespéré que quelqu'un fût témoin de la confidence que j'ai à vous faire... (*A part.*) Je ne sais comment lui tourner cela... (*Haut.*) Vous devez voir à mon embarras, à mon trouble, combien il aurait été cruel pour moi...
ANITA. — Ah, mon Dieu!... chevalier, voici un préambule!...
MONTRESSANT. — C'est que ce que j'ai à vous annoncer va vous paraître bien étrange, surtout dans ma bouche. Mais, au risque d'encourir votre colère, il faut enfin que je vous apprenne...
ANITA. — Que vous m'aimez!... Dieu merci, je n'en doute pas, chevalier...
MONTRESSANT, *avec chaleur.* — Si je vous aime!... (*A part, en regardant la pendule.*) Dieu! cette pendule marche d'un train...
ANITA. — Pourtant, d'après ce qu'on m'a raconté tout à l'heure...
MONTRESSANT. — Parlez, expliquez-vous... (*A part.*) Ciel! bientôt sept heures!...
ANITA. — Est-il vrai chevalier, que... (*On entend sonner l'heure.*)
MONTRESSANT, *se levant.* — Pardon, signora; mais cette heure me rappelle qu'il me reste un devoir bien pénible à remplir...
ANITA, *étonnée.* — Comment, vous m'interrompez, chevalier; ah! ce n'est pas galant! m'arrêter brusquement au milieu d'une phrase!...
MONTRESSANT. — Eh bien! oui, madame, je vous arrête!... mais croyez que c'est bien malgré moi; j'en ai reçu l'ordre du lieutenant de police!...
ANITA, *riant.* — C'est un peu fort!... le lieutenant de police vous a donné l'ordre de m'empêcher de parler!...
MONTRESSANT. — Non, mais de vous conduire au Fort-L'Évêque...
ANITA. — Au Fort-L'Évêque!...
MONTRESSANT. — Et voici l'ordre signé de M. de La Reynie lui-même, à la requête de la marquise...
ANITA, *l'interrompant.* — De Liéven?... je m'y attendais... Elle a donc osé exécuter sa menace... quelle lâcheté!...
MONTRESSANT. — Vous m'en voyez au désespoir... Si vous saviez combien il m'en a coûté pour me charger...
ANITA. — Je vous crois sans peine... Je comprends votre position; faites votre devoir: je suis prête à vous suivre...
MONTRESSANT. — Ma voiture est en bas qui nous attend!...

ANITA, *à part.* — Quel contre-temps! m'éloigner juste au moment où ma vengeance était assurée... Oh! mais ce n'est que partie remise... Cette femme ne jouira pas longtemps de son triomphe! (*A Montressant.*) Allons, chevalier, votre main...

SCÈNE XI.

LES MÊMES, UN DOMESTIQUE, *puis* MESDAMES DE SOLANGES ET DE LIÉVEN.

LE DOMESTIQUE, *annonçant.* — Mesdames de Liéven et de Solanges!...
ANITA, *à part.* — Madame de Liéven! Je ne l'attendais pas si tôt! elle a reçu ma lettre.
MONTRESSANT. — Ces dames ici, par quel hasard?
ANITA. — Elles arrivent on ne peut mieux! Avant de me rendre à votre invitation, chevalier, il faut que j'aie avec madame la marquise un entretien qui peut-être, j'espère, changera sa résolution à mon égard; et c'est de votre galanterie que j'attends cette faveur!
MONTRESSANT. — J'y consens; vous me retrouverez dans ma voiture... mais rappelez-vous que nous sommes déjà en retard!... Je m'échappe par le petit escalier dérobé!...
ANITA. — A bientôt. (*Le chevalier sort. Au domestique.*) Introduisez ces dames... (*Celles-ci paraissent.*) Mesdames, je vous félicite de votre empressement... je l'avoue, je vous attendais sans vous espérer...
MADEM. DE SOLANGES. — Ne remerciez que madame de Liéven, chez laquelle je me trouvais au moment où nous sont parvenus vos étranges billets. Ce n'est que pressée par ses instances et en rougissant, que j'ai consenti...
ANITA. — Oh! rassurez-vous, madame!...

AIR *du Piège.*

Oui, de la cour quittez tous ces grands airs,
Car de chez moi l'étiquette est bannie.
Sans crainte entrez; mes salons sont ouverts
Aux gens de bonne compagnie.
Tous nos seigneurs daignent me visiter;
A leur amour si je prête l'oreille,
Il faut en rire; ils viennent répéter
Tous les serments qu'ils vous ont fait la veille.

MAD. DE LIÉVEN. — Qu'est-ce que cela prouve? Nous savons fort bien que ces messieurs aiment parfois à s'encanailler; et ils vont alors chez des filles d'Opéra comme vous.
ANITA. — Aussi, quand des filles d'Opéra, comme moi, se font vieilles ou se dégoûtent du théâtre, elles n'ont plus qu'une ressource, c'est de se faire marquises ou comtesses... et encore n'est-ce que pour faire une fin!...
MAD. DE LIÉVEN. — Quelle audace!
ANITA. — Qui sait? avant peu vous serez peut-être obligée de me céder le pas à la cour!
MAD. DE LIÉVEN. — Ce serait faire à la noblesse une insulte à laquelle je ne me soumettrais jamais...
ANITA. — Vous auriez tort... L'étiquette est là... et vous savez que le roi y tient beaucoup!...

MAD. DE LIÉVEN.
AIR *du premier Prix.*

Le roi peut tout; oui, je le pense,
Sur ma liberté, sur mon bien.
Mais là s'arrête sa puissance,
Sur mon honneur, il ne peut rien;
Il n'a pas le droit d'y prétendre.

ANITA.
Vous avez raison cette fois,
Où l'on ne trouve rien à prendre,
Comme on dit, le roi perd ses droits.

MAD. DE LIÉVEN. — Cessez, mademoiselle, et venons au fait!
ANITA. — Mon but est de vous être utile... et de vous prouver que j'ai oublié la scène qui s'est passée hier entre nous... Il s'agit de vos amants.
MAD. DE LIÉVEN. — Qu'est-ce à dire, nos amants?
MADEM. DE SOLANGES. — Nos futurs maris, s'il vous plaît.
ANITA. — Ils ne le sont pas encore! Je pourrais vous les enlever; mais j'aime mieux vous les rendre fidèles et soumis.
MADEM. DE SOLANGES. — Auriez-vous la prétention de croire qu'ils hésiteraient un seul instant entre une comédienne et de grandes dames comme nous?
MAD. DE LIÉVEN. — D'ailleurs nous avons des preuves de leur amour, de leurs serments.
ANITA. — Et moi, j'ai des preuves du contraire...
MADEM. DE SOLANGES. — Où sont-elles?
ANITA, *leur montrant le coffre qui est sur sa toilette...* — Là, dans ce coffre!
MADEM. DE SOLANGES. — Eh bien! ce coffre!...
ANITA. — Contient des lettres, des objets qui sont pour vous de la plus haute importance...
MADEM. DE SOLANGES. — En vérité!
ANITA. — Surtout la plus grande discrétion!
MAD. DE LIÉVEN. — Soyez sans crainte!
ANITA. — Apprenez donc... Mais pardon, mesdames, j'oubliais l'envoyé de M. le lieutenant de police, qui m'invite à aller passer quelques jours au Fort-L'Évêque.
MAD. DE LIÉVEN, *à part.* — M. de La Reynie m'a tenu parole!
ANITA. — Je suis forcée de vous quitter; il m'attend, et je vais...
MADEM. DE SOLANGES. — Un instant!... (*A madame de Liéven.*) Il faut faire révoquer cet ordre.
ANITA. — Malheureusement il est positif.
MAD. DE LIÉVEN. — Cependant, puisqu'il n'a été lancé qu'à ma requête, j'ai bien le droit, je pense, sinon de le faire révoquer, du moins d'en retarder l'effet!...
MADEM. DE SOLANGES, *lui présentant des tablettes.* — Écrivez ici votre nouvelle demande; sollicitez du lieutenant de police un sursis de vingt-quatre heures.
MAD. DE LIÉVEN, *écrivant.* — Quoi qu'il m'en coûte, il faut absolument que je sache...
ANITA, *à part.* — Allons donc! Voilà ce que je voulais! (*Elle sonne; un domestique paraît.*) Ces tablettes à M. de Montressant, que vous trouverez en bas dans sa voiture; dites-lui de faire diligence...
MAD. DE LIÉVEN. — A présent, montrez-nous vite...
ANITA. — Vous allez tout savoir... Précisément, la première lettre qui me tombe sous la main est du baron...
UN DOMESTIQUE, *annonçant.* — M. de Mirecourt!
MAD. DE LIÉVEN. — Grand Dieu! le baron!
ANITA. — Il arrive à propos; il pourra vous certifier lui-même...
MAD. DE LIÉVEN. — Je ne veux pas qu'il me voie ici.
MADEM. DE SOLANGES. — Ni moi non plus. Comment faire?
ANITA, *à part.* — Oh! la bonne idée!... (*Haut.*) Il n'y a qu'un moyen, entrez vite dans ce cabinet pendant que je vais le congédier. (*A madem. de Solanges.*) Vous, dans celui-ci.

AIR du *Dieu et la Bayadère.*

Pour vous tout ce mystère
Va bientôt s'éclaircir.
De là sachez vous taire,
Craignez de vous trahir.

Reprise.
ENSEMBLE.
Pour vous tout ce mystère, etc.
(*Anita les poussa, l'une dans le cabinet de droite, l'autre dans celui de gauche.*)

SCÈNE XII.

ANITA, MIRECOURT.

MIRECOURT. — C'est déjà moi, bel ange! Vous le voyez, je suis exact au rendez-vous!
ANITA. — Cet empressement fait votre éloge!... Vous avez devancé vos rivaux, et je vous en sais gré!...
MIRECOURT. — C'est que je tiens à connaître le premier les conditions que vous imposez à mon bonheur... Parlez; daignez mettre un terme à mon impatience!
ANITA. — Eh bien, je consens à vous interroger... mais promettez-moi de répondre avec sincérité.
MIRECOURT. — En doutez-vous? (*A part.*) S'il s'agit que de mentir, mon triomphe est assuré.
ANITA. — D'abord, monsieur le baron de Mirecourt,

AIR : *Trompez-moi, trompons-nous.*

Vous devez m'ouvrir votre cœur.
M'adorez-vous avec ardeur?
MIRECOURT.
Mais je n'aime que vous,
Je le jure à vos genoux.
ANITA.
Désormais plus d'amour
Pour les dames de la cour.
MIRECOURT.
Je vous en fais serment.
ANITA, *à part.*
Le perfide, comme il ment!
(*Haut.*) Vous saurez mon secret,
Mais surtout soyez discret.
MIRECOURT.
Je promets (*bis*) que de cet entretien
Personne ne saura rien.
ANITA.
Tout va bien! c'est charmant!
Sa maîtresse en ce moment,
Au moins ne perdra rien
De ce secret entretien.

Reprise.
ENSEMBLE.
ANITA.
Tout va bien! etc.

MIRECOURT.
Tout va bien! c'est charmant!
Quel bonheur en ce moment!
De ce secret entretien
Personne ne saura rien.

ANITA. — Dites-moi, monsieur de Mirecourt, on m'a parlé d'une certaine marquise de Liéven...
MIRECOURT. — La marquise de... (*A part.*) Qui diable a pu lui dire?
ANITA, *avec intention.* — Que vous aimez!
MIRECOURT. — Moi? simples propos de cour comme on en fait tant.
ANITA. — On la dit fort bien; elle est jeune?...
MIRECOURT. — Autrefois elle a pu avoir quelque jeunesse.
ANITA. — Jolie!
MIRECOURT. — On ne s'en souvient plus.
ANITA. — Elle a de l'esprit.
MIRECOURT. — Oh! l'esprit de tout le monde.

ANITA. — Vous êtes cependant sur le point de l'épouser?
MIRECOURT. — Je la déteste.
ANITA. — Savez-vous que si la marquise vous entendait...
MIRECOURT, *élevant la voix*. — Ah, mon Dieu! je le dirais devant elle... je le crierais sur les toits... Oui, je le répète, je la trouve sotte, ridicule .. (*Bruit dans un des cabinets.*) Qu'est-ce que c'est que ça?
ANITA. — Ne faites pas attention... c'est Marquita qui aura brisé mon cabaret.
UN DOMESTIQUE, *annonçant*. — M. de Montressant.
ANITA, *à part*. — Aurait-il déjà réussi?
MIRECOURT. — Le chevalier! que vous veut-il?
ANITA. — Quel contre-temps! au moment où j'allais vous dire...
MIRECOURT. — Que faire?
ANITA, *à part*. — Le hasard me sert à merveille. (*Haut.*) Faites entrer.
MIRECOURT. — Comment, vous voulez?
ANITA. — Ne craignez rien... Passez là, de ce côté; je le congédie, et vous délivre à l'instant.
MIRECOURT, *entrant dans le cabinet où se trouve Madem. de Solanges*. — Elle est à moi!

SCÈNE XIII.

ANITA, MONTRESSANT.

MONTRESSANT. — Victoire, ma charmante, j'ai enfin obtenu votre sursis... le voici!
ANITA. — Grand merci! chevalier, je n'attendais pas moins de votre exactitude et de votre empressement à me servir; je m'en souviendrai.
MONTRESSANT. — Que de bontés! et puisque nous sommes sans témoin...
ANITA, *souriant*. — Vous ne pouviez mieux tomber.
MONTRESSANT. — Me sera-t-il enfin permis de savoir?...
ANITA. — Je vais tout vous apprendre; placez-vous dans ce fauteuil, et moi dans celui-ci.
MONTRESSANT, *allant s'asseoir*. — Quoi! si loin de vous?
ANITA, *assise du côté opposé*. — Dame! vous êtes dangereux, chevalier!

Même air.

Je suis votre juge céans.

MONTRESSANT.
Moi, le prévenu, je comprends;
C'est comme au tribunal,
C'est assez original.
Il ne nous manque plus
Que les témoins.

ANITA.
Au surplus,
Figurons-nous tous deux
Que nous parlons devant eux.
Vous saurez mon secret,
Mais surtout soyez discret.

MONTRESSANT.
Je promets (*bis*) que, de notre entretien,
Personne ne saura rien.

ANITA.
Tout va bien! c'est charmant!
Sa maîtresse, en ce moment,
Au moins ne perdra rien
De ce secret entretien.

Reprise.
ENSEMBLE.
Tout va bien! etc.

ANITA. — Avant tout, répondez-moi, chevalier!... Quand épousez-vous mademoiselle de Solanges?
MONTRESSANT. — Hein! plaît-il?
ANITA. — A quand votre mariage?
MONTRESSANT. — Je ne vous comprend pas.
ANITA. — Voyons, de la franchise, chevalier!... Vous avez tort de vous en défendre, mademoiselle de Solanges est jeune...
MONTRESSANT. — Qui ne l'est pas?
ANITA. — Jolie!
MONTRESSANT. — Beaucoup moins que vous!
ANITA. — Sage! elle a, dit-on, des vertus?...
MONTRESSANT. — Elle a cela de commun avec les simples.
ANITA. — Quoi! vous ne l'aimez pas?
MONTRESSANT. — Pas le moins du monde.
ANITA. — Faut-il vous croire?
MONTRESSANT. — Je vous le jure!...
LE COMTE, *en dehors*. — C'est bon! c'est bon! je m'annoncerai bien moi-même.
MONTRESSANT, *se levant*. — Quelle est cette voix?
ANITA. — Celle de M. Laperrière.
MONTRESSANT. — L'importun! que le diable l'emporte!..
ANITA, *jouant l'embarras*. — Grand Dieu! s'il vous trouvait ici, à cette heure! je serais perdue... il est si jaloux!... Sortez, je vous en prie.
MONTRESSANT. — Je ne demande pas mieux.
ANITA, *se ravisant*. — Mais non, entrez plutôt dans ce cabinet; je vais m'en débarrasser et vous rendre à la liberté.
MONTRESSANT. — Et au bonheur!
ANITA. — Comme cela, je sauve les apparences.
MONTRESSANT. — C'est adroit! (*Anita le conduit dans le cabinet de madame de Liéven.*)
ANITA, *riant*. — Les voilà tous réunis!

SCÈNE XIV.

ANITA, LE COMTE.

LE COMTE. — Ah ça! signora, quelles sont ces dames que je viens d'apercevoir dans votre galerie? Sous le masque qui couvre leur visage, et à leur tournure distinguée, je n'ai pas reconnu vos camarades de l'Opéra...
ANITA. — Je vous expliquerai!... Mais, dites-moi, avez-vous réussi?
LE COMTE. — Au gré de mes désirs... Je connais enfin la retraite du marquis... C'est du côté de la place Maubert qu'il a élu domicile, et demain, avant la nuit, vous serez marquise de Lusigny... J'ai même, par prudence, passé chez votre notaire.
ANITA. — Maintenant je suis tranquille!
LE COMTE. — Et moi, je ne le suis pas encore... je crains toujours pour votre liberté... Ces dames de la cour ont la rancune, et, une fois leur prisonnière, je ne réponds pas...
ANITA. — Ce sont elles, au contraire, qui sont les miennes...
LE COMTE. — Que voulez-vous dire?
ANITA. — Qu'elles sont là, dans ces cabinets, où messieurs de Mirecourt et Montressant leur tiennent fidèle compagnie!
LE COMTE. — Pas possible! (*Bruit de voix confuses.*)
ANITA. — Eh, tenez! les entendez vous?

SCÈNE XV.

Les mêmes, MIRECOURT, MONTRESSANT, MESD.
DE LIÉVEN, DE SOLANGES, *sortant des cabinets.*

Air final de *Leycester.*

MONTRESSANT.
Que vois-je! ô ciel!
MIRECOURT.
Quelle surprise!
MONTRESSANT.
Que faisiez-vous là tous les deux?
MIRECOURT.
Et vous-même, avec la marquise
Pourquoi vous trouver en ces lieux?
MONTRESSANT.
C'est une indigne perfidie!
MIRECOURT.
C'est une infâme trahison!
ANITA, *à part.*
Moi, je ris de leur jalousie.
MONTRESSANT *et* MIRECOURT, *se menaçant.*
Monsieur, vous m'en rendrez raison!
MESD. DE LIÉVEN *et* DE SOLANGES.
Ils vont se battre! ah! quel scandale!
ANITA, *aux deux dames.*
Laissez-moi faire en ce moment.
(*Elle se dirige vers la porte du fond.*)
Messieurs, venez mettre à l'instant
Un terme à leur emportement,
Dans l'intérêt de la morale.

CHŒUR *de seigneurs et de dames de la cour paraissant.*
Mais que veut dire ce mystère?
Est-ce un piège qu'on nous tendait?
De cette ruse ici j'espère
Savoir quel est l'auteur secret.
MIRECOURT.
Pour se moquer de nous, nous a-t-on réunis?
ANITA, *aux dames qui sont masquées.*
Mesdames, je vous remercie;
Pour finir cette comédie,
Devant tous vos amants épris,
Démasquez-vous, je vous en prie.
LES SEIGNEURS, *aux dames, qu'ils reconnaissent.*
Quoi! vous ici.
LES DAMES.
De votre perfidie
Nous avons la preuve en ce jour.
LES SEIGNEURS.
Nous sommes tous joués!
ANITA, *bas au comte.*
Ma ruse et mon adresse
Ont réussi, je crois.
LE COMTE, *de même.*
Vous bravez la noblesse!
ANITA.
Demain, je suis noble à mon tour!
CHŒUR.
Point de pardon! c'est faire offense
A la noblesse ainsi qu'à nous.
Ah! redoutez notre vengeance!
En vain vous en bravez les coups.
(*Tout le monde se dispose à partir en menaçant Anita, qui les regarde tous d'un air calme et avec dédain.*)

FIN DU PREMIER ACTE.

ACTE DEUXIÈME.

Le théâtre représente la place Maubert; à gauche du spectateur, une échoppe de savetier, avec cette enseigne: *Gauthier, restaurateur de la chaussure humaine;* à droite, un cabaret, avec cette enseigne: *Feu Bonneau, marchand de vin.*

SCÈNE PREMIÈRE.

ANITA, MARQUITA, *couvertes d'une mantille.*

ANITA, *entrant vivement.* — Marquita, regarde donc!... je crois qu'ils ont enfin perdu notre trace?...
MARQUITA, *regardant dans la coulisse.* — J'aperçois encore un de ces seigneurs à l'extrémité de la rue. Ah! il s'éloigne.
ANITA. — Dieu soit loué! nous leur avons encore une fois échappé.
MARQUITA. — C'est égal!... je pense, signora, qu'il n'est pas prudent de courir plus longtemps par la ville à pied et sous ce costume...
ANITA. — Sans tous les détours que ces jeunes fous nous ont obligées de faire, nous aurions déjà rencontré M. de Laperrière... Nous sommes bien ici sur la place Maubert?

MARQUITA. — Oui, signora... mais je n'aperçois pas la voiture de M. le comte.
ANITA. — C'est pourtant aux environs de cette place qu'il doit être depuis ce matin.
MARQUITA. — Si vous m'en croyez, signora, nous retournerons à votre hôtel.
ANITA. — Impossible! il faut absolument que je parle au comte et que je lui communique à l'instant même cette lettre du chevalier de Montressant, qui m'annonce que, d'après la scène qui s'est passée hier, il ne s'agit plus simplement pour moi, du Fort-L'Évêque, mais bien de l'Hôpital-Général, et qu'il a ordre de m'arrêter partout où il me rencontrera.
MARQUITA. — Craignez de tomber entre les mains du chevalier; car pour se venger, à son tour, il serait capable...
ANITA. — C'est pourquoi, avant toute chose, je veux voir le comte; remettons-nous donc à sa recherche...

MARQUITA. — Oui, quittons cette place... (*On entend rire dans le cabaret.*) d'autant plus que voilà des buveurs qui sortent de ce cabaret, et qui vont sans doute s'installer ici.
ANITA. — Évitons leur rencontre. (*Elles s'éloignent par la gauche.*)
(*Les ouvriers sortent du cabaret.*)

SCÈNE II.

GAUTHIER, THOMAS, JÉROME, OUVRIERS, puis JEAN.

CHOEUR.
Air des *Fileuses.*
A s'amuser qu'on s'apprête,
Rions tous
Et faisons les fous !
Un' noce est un jour de fête,
Pour l'amour ainsi qu' pour nous !

GAUTHIER.
Allons-nous faire bombance !
Comm' j' vas tomber sur les plats !

THOMAS.
Il faut discuter d'avance
Les articles du repas !...

TOUS.
Ça vous regard', pèr' Thomas.

Reprise.
A s'amuser, etc.

THOMAS. — Ainsi donc, les enfants, en qualité d'oncle de la future, je propose d'abord qu'on fasse la noce aux Porcherons...
GAUTHIER. — Et moi, comme ami du futur, je déclare que je n'y vois pas d'inconvénient.
THOMAS. — Mettez-vous tous à cette table... et en l'absence d'Henri, nous allons régler les apprêts de la cérémonie...
GAUTHIER. — Un instant !... Comme je prévois que la discussion va nous sécher le gosier... j'opine pour qu'on fasse apporter un broc.
Tous, *se mettant à table.* — Adopté !...
GAUTHIER, *appelant.* — Ohé ! Jean ?
JEAN, *passant la tête par le soupirail de la cave.* Qu'est-ce qui m'appelle ?...
GAUTHIER. — Où es-tu donc, imbécile ?
JEAN. — Par ici, père Gauthier !... dans la cave !
GAUTHIER. — Puisque t'es à la source, monte-nous un broc de vin, et du bon !
JEAN. — J' vas l' tirer moi-même... ça sera l' plus sûr !...
GAUTHIER. — Comment le plus sûr ?
JEAN. — J' veux dire le meilleur...
GAUTHIER. — Jean, mon bonhomme... j'ai la douleur de remarquer que depuis quelque temps, tu tournes considérablement au cornichon.
JEAN, *disparaissant.* — C'est vrai, j'ai le teint vert... et j'ai beaucoup perdu de ma fraîcheur...
GAUTHIER. — Est-ce qu'il a des peines de cœur, ce pauvre garçon ?
THOMAS. — Je crois qu'il est amoureux, et de ma nièce, qui plus est !
GAUTHIER. — Il n'a pas la vue basse ; madame veuve Bonneau, vôtr' nièce, ne laisse pas que d'être encore fraîche et jolie...
JEAN, *entrant avec un broc et des verres ; il soupire en entendant les derniers mots.* — Oh ! oui !...

THOMAS. — Sans parler de son établissement, qu'est un des plus achalandés du quartier..
JEAN. — Et qui finira par se détériorer entre les mains de votre M. Henri ; il n'entend rien de rien à la partie ; tandis que moi...

AIR de *l'Anonyme.*
Maintenant, j' suis au fait de la boutique,
J'entends, je crois, assez bien mon métier ;
Je suis tout seul pour servir la pratique,
J' suis à la cave et tantôt au grenier.
Dans la maison, il n'est rien que je n' fasse,
Je m' multiplie... enfin, je suis partout ;
Si du défunt j'occupe ici la place,
J' devrais au moins le remplacer en tout,.

THOMAS. — Dame, mon garçon, fallait te déclarer plus tôt... mais j' doute que ma nièce t'ait donné la préférence...
JEAN. — Mes affaires commençaient à prendre bonne tournure, quand ce diable de M. Henri est venu mettre des bâtons dans les roues de mon amour naissant...
THOMAS. — Faut en convenir... c'est un bel homme ! et ma nièce s'y connaît...
JEAN. — Aussi c'est vot' faute, père Gauthier !... vous aviez ben besoin de l' recevoir chez vous...
GAUTHIER. — D'abord, c'est pas moi qui l'a reçu... mais lui qu'est venu sans façon s'installer chez moi... Un soir, j'étais tranquillement assis dans mon échoppe, en train de rajeunir les escarpins de la petite bonne du n° 5, auxquels je mettais des oreilles,... v'là que tout à coup j'entends une grande rumeur dans le quartier, et la voix du sergent du guet qui criait : « Arrêtez ! arrêtez ! » patatras ! une des deux carreaux descend la garde, et quelque chose tombe à mes pieds en me disant : « Ne vous dérangez pas... » C'était Henri qui venait de rosser le guet, avec lequel il avait eu des contrariétés... Il était hors d'haleine !... A sa vue, la mienne tomba de mes mains... Cependant je le cacha... il avait l'air honnête, mais pas heureux... Le lendemain matin, je voulais lui donner la clé des champs ; mais comme il ne savait où aller, attendu qu'il n'avait ni feu, ni lieu, ni ressource, je lui proposai de lui donner l'hospitalité ainsi que la table et le logement, à condition qu'il m'aiderait dans mon état de cordonnier en vieux... Me prenant à la lettre, il me répondit : Ça va !... et depuis lors il travaille avec moi dans mon établissement, où il me sert de second...

AIR : *Un homme pour faire un tableau.*
Comme il possède un' belle main,
C'est lui qui fait mes écritures ;
Il tient mes livr's et m'aide enfin
À racc'moder les vieill's chaussures.
Quand de chez moi je suis absent,
A la pratique il répond en bon style ;
Il ne fait pas d' cuirs-t-en parlant.....
Dans notre état, c'est difficile !

THOMAS. — Vous avez bien fait... c'est un bon diable !... je m' sens déjà de l'amitié pour lui...
GAUTHIER. — C'est comme moi ; je n' me plains pas d'avoir fait sa connaissance.
JEAN. — Tout ça c'est pas une raison pour marier la bourgeoise à un inconnu... Car enfin personne ne peut dire qui il est... d'où il vient... On ne le connaît ni des lèvres, ni des dents...
THOMAS. — Mais le père Gauthier doit le connaître, lui qui depuis six mois vit avec lui...
GAUTHIER. — Je ne lui ai jamais demandé son étymologie... Tout ce que je sais, c'est qu'il est bon garçon, jovial et franc buveur... Qu'est-ce qu'il vous faut donc de plus à vous autres ?...
THOMAS. — C'est juste !...
GAUTHIER. — Eh ! tenez... je l'entends !

JEAN. — Mon rival !... je m'esquive...
THOMAS. — Eh ben ! Où vas-tu ?...
JEAN. — J' vas voir à la cave si j'y suis... (*Il se sauve.*)

SCÈNE III.

LES PRÉCÉDENTS, HENRI.

HENRI, *ses habits sont en désordre.*

AIR : *De quoi! de quoi!...*
Honneur, honneur
A ma valeur.
Seul contr' quatre,
Je viens de m' battre ;
J' les ai rossés
Et caressés ;
Je crois qu'ils en ont assez !
(*Il jette un paquet sur la table.*)

THOMAS. — Qu'est-ce que c'est que ça ?...
HENRI. — C'est mon costume de noce que je viens de repêcher dans le ruisseau.
GAUTHIER. — Que t'est-il arrivé ?
HENRI. — V'là la chose... Je revenais des piliers des halles, où j'avais fait mes acquisitions, quand un équipage de malheur, armorié et doré sur toutes les coutures, en me heurtant, fait rouler mon paquet dans la boue, sans seulement dire excusez...
GAUTHIER. — Ces gueux d' nobles n'en font jamais d'autres.
HENRI. — Je me jette à la tête des chevaux... mais v'là un vieil infirme qui passe la sienne par la portière, et qui se met à crier : « Manant, si tu ne lâches pas les rênes, je te fais donner cent coups de bâton par mes gens....» Je l'invite à descendre pour s'expliquer... il n'en fait rien... et, sur un signe, je vois s'avancer quatre grands coquins de laquais qui tombent sur moi.
GAUTHIER. — Ils tombaient bien.
HENRI. — Je m'apprête à les recevoir avec tous les honneurs dus à leur rang... en deux temps je les descends et je les fais infuser dans le ruisseau, où ils sont en train de se débarbouiller.

Reprise.
ENSEMBLE.

HENRI.	LES OUVRIERS.
Honneur, honneur	Honneur, honneur
A ma valeur.	A sa valeur.
Seul contr' quatre,	Seul contr' quatre,
Je viens de m' battre ;	Il vient de s' battre ;
J' les ai rossés	Il l'-z-a rossés
Et caressés ;	Et caressés ;
Je crois qu'ils en ont assez !	Ils doivent en avoir assez !

HENRI. — J' prendrais bien quelque chose.
TOUS, *buvant.* — A la santé d'Henri !
HENRI, *trinquant.* — A la vôtre, mes amis !...
THOMAS. — Ah ça, mon garçon, ton habit de marié doit avoir pris un faux pli dans la bagarre...
HENRI. — Il a été légèrement ému... voyez plutôt !...
THOMAS. — Comment vas-tu faire ?
HENRI. — Eh bien !... est-ce que les amis ne sont pas là ?...
GAUTHIER. — Pardieu ! tu m'y fais penser... j'ai ton affaire...
HENRI. — Vous, papa Gauthier ?...
GAUTHIER. — Je te prêterai le mien... mais ne m' l'abîme pas... C'est un habit superbe et d'une qualité tellement supérieure, que quarante ans d'un exercice fréquent n'ont pu ternir son éclat, ni ridiculiser sa coupe... aussi j'y tiens....

AIR : *Non, jamais mon eau-de-vie.*
Il marquera dans ma vie,
J' l'avais pour la premièr' fois
Le jour d' la cérémonie
D' mon mariage, je crois.
J'étais heureux sur mon âme...
Mais la s'cond' fois, ô douleur !
J' l'avais quand j' perdis ma femme.

HENRI.
Il me portera bonheur !...

THOMAS. — Allons, puisque v'là ton costume au grand complet... occupons-nous à présent du festin... j'ai déjà commandé un brochet.
GAUTHIER. — J'aurais mieux aimé du veau...
THOMAS. — Un instant ; commençons par le commencement...
HENRI. — Au contraire, quand on veut faire un bon repas, il faut commencer par la faim.
TOUS, *riant* — Ah ! ah ! ah !...
THOMAS. — Silence ! nous ne sommes pas ici pour faire des calembours ; à quelle sauce le mangerons-nous ?... (*Il réfléchit.*)
TOUS. — Ah ! oui... A quelle sauce ?..
GAUTHIER. — Ah ça, Henri, je te recommande mon ancien.
HENRI. — Soyez paisible...
GAUTHIER. — Je te dis ça parce que j' crois qu'il se mange aux vers.
THOMAS, *sortant de sa rêverie.* — Comment au vert... c'est au bleu que vous voulez dire ?...
GAUTHIER. — Mon habit se mange au bleu, à présent !
THOMAS. — Qu'est-ce qui vous parle de votre habit ?... Je raisonne brochet.
HENRI. — C'est encore un calembour... Tenez, je vois que vous ne voulez pas m'entendre pas... Laissez-moi faire... et, en attendant, aidez-moi à enterrer joyeusement ma vie de garçon...
GAUTHIER. — Et de bombances... Oui, noyons ces derniers instants dans un liquide pur et abondant... (*Appelant.*) Garçon ! du vin !... Et toi, Henri, entonne-nous la romance du Franc Savetier. (*Un garçon entre et dépose des bouteilles.*)
HENRI. — Volontiers... Attention, vous autres ! vous ferez chorus ! Je commence... Physiologie du franc savetier, écrite par lui-même... romance avec accompagnement de verres et de bouteilles...

AIR *des deux Dames au Violon.*
Le savetier, dans son échoppe,
Est souvent plus heureux qu'un roi ;
Il n'a pas l'âme misanthrope,
Car, la gaieté... voilà sa loi !
Quand arriv' la fin d' la s'maine,
Il dépos' ses cuirs, son alène ;
A la barrièr', chez l' marchand d' vin,
Il va fêter l' grand Saint-Crépin.
Rouler sa bosse,
Faire la noce,
C'est le métier
Du savetier.

Reprise en chœur.
Rouler sa bosse, etc.

Il n'a jamais l' sou dans sa poche ;
Il vit sans cesse au jour le jour ;
Il peut, lorsque le terme approche,
Sans payer, changer de carr'four.
Mieux que les rich's il se comporte ;
Il n' met pas la clef sous la porte,
Attendu qu' son établissement
Est placé toujours en plein vent.
Rouler sa bosse, etc.

Reprise en chœur.

Le beau sex' fréquent' sa boutique ;
Des grisettes c'est l' rendez-vous ;
Il est aimabl' près d' la pratique,
Et s' met sans façon à ses g'noux.
Heureux dans cette humble posture,
Il peut, tout en prenant mesure,
Admirer de chaque tendron
La jamb' fine et le pied mignon !
    Rouler sa bosse, etc.

Reprise en chœur.

Tous. — Bravo !... bravo !...
Thomas. — A présent, les enfants, il s'agit d'aller mettre du linge blanc, et de r'venir bien vite pour la cérémonie nuptiale ; la future doit s'impatienter...
Gauthier. — Moi, je me charge d'aller chercher le tabellion !... Quant à toi, Henri, va te requinquer aussi... Surtout prends garde à mon habit.
Henri. — A propos... où est-il ?...
Gauthier. — Derrière mon lit... au fond du pot à beurre !...

CHOEUR.
Air *des Chemins de Fer.*

Pour que la fête soit complète,
Il faut s'habiller aux oiseaux ;
Nous allons fair' notre toilette,
Et nous r'viendrons quand nous s'rons beaux.

HENRI.

En ce cas-là, fait's diligence,
Car si vous avec le désir
De vous fair' beaux, en conscience,
Vous n'êt's pas près de revenir.

Reprise.
ENSEMBLE.
Pour que la fête soit complète, etc.

(*Ils sortent tous, à l'exception d'Henri.*)

SCÈNE IV.

HENRI, *dans l'échoppe.*

Voyons !... au fond du pot à beurre, m'a dit Gauthier... Il doit être frais son habit. (*Il cherche.*) Qu'est-ce que c'est que ça ?... un soulier en souffrance... Eh ! mais, c'est juste mon pied, ça !... C'est dommage qu'il n'y en ait qu'un, ça me botterait comme un gant... C'est égal !... je trouverai toujours bien son frère jumeau... J' vas provisoirement astiquer celui-là...

Rouler sa bosse,

Il chante ce refrain tout en cirant son soulier ; la brosse lui échappe des mains, et va casser un des carreaux de la boutique.)

Bon ! v'là que je démolis l'établissement... Comme ça se trouve ! c'est précisément le carreau qui me servait de miroir... ça va être commode pour faire ma toilette... Les mœurs s'opposent à ce que je change de costume les fenêtres ouvertes... En avant l'industrie et les carreaux en papier... Cherchons... Ah ! voici mon affaire ; du parchemin ; tant mieux, ce sera plus solide. En voilà une liasse... Qui diable a été fourrer ça ici, et qu'est-ce que ça peut être ? (*Il sort de l'échoppe tout en lisant.*) Engueran, Ludovic, Henri, marquis de Lusigny... Dieu me pardonne, ce sont mes parchemins ; je me rappelle à présent ; c'est moi qui les ai relégués dans cette ignoble échoppe depuis mon séjour ici... Ma foi, je n'y songeais guère. (*Continuant sa lecture.*) Sire de Durfort, baron de Dreux, seigneur de Saint-Maur et autres lieux... Oui, voilà bien mes titres ! Quand je pense que j'étais cet Henri de Lusigny si riche, si brillant, si recherché... que j'avais autrefois des terres, des domaines et des châteaux !... Quelle dégringolade !...

Air *des Maris ont tort.*

Tous ces biens, avec ma fortune,
Depuis longtemps ont disparu ;
Dans mes revenus quell' lacune,
Je ne possèd' pas un écu.
J'ai tout joué, j'ai tout perdu ;
Je n'ai plus qu' mes titr's ! faut attendre,
Je trouv'rai p't-être un débouché.
Je n'y tiens pas, j' voudrais les vendre,
Et moi-mêm' par-dessus l' marché.

Allons, mes vieux amis, je ne vous croyais plus bons à rien... je me trompais, vous allez me servir à quelque chose, d'abord à réparer ma maladresse. (*Il enlève une feuille, jette le reste dans l'échoppe, et cloue, en guise de carreau, la feuille qu'il a déchirée.*)

SCÈNE V.

HENRI, MAD. BONNEAU.

Mad. Bonneau, *sortant du cabaret.* — Eh bien ! mon cher Henri, que faites-vous donc là ?
Henri, *à part.* — Ma future !... (*Haut.*) Ne faites pas attention, je suis à vous. Ma toilette ne sera pas longue, allez !...
Mad. Bonneau. — La mienne est presque terminée... Voyez... Comment me trouvez-vous ?...
Henri. — Délirante, parole d'honneur !... C'est au point que si je ne devais pas vous épouser, je vous demanderais en mariage.
Mad. Bonneau. — Qu'il est aimable !... Ah ! mon ami, notre bonheur fera bien des jaloux, et déjà même...
Henri. — Ça ne m'étonne pas !...
Mad. Bonneau. — Il y a des gens qui vont jusqu'à dire que vous ne m'épousez que pour vous acquitter envers moi de l'argent que vous me devez... Faut-il être mauvaise langue !...
Henri. — J' parie que ce sont les femmes que je vous ai sacrifiées qui disent ça... Vous m'aviez ouvert un crédit illimité chez vous, c'est vrai... j'en ai usé... c'est encore la vérité... mais vous ne perdrez rien, car je prétends, sur notre contrat de mariage, vous reconnaitre tout l'argent que je vous dois... ce sera mon présent de noce.
Mad. Bonneau. — Je ne veux pas demeurer en reste avec vous... je vais vous faire le mien aussi. (*Tirant de sa poche une énorme montre.*) Vous voyez bien cette montre ?
Henri, *à part.* — Quel horrible oignon !
Mad. Bonneau. — Elle a appartenu à feu Bonneau, acceptez-la, comme son remplaçant.
Henri. — Vous me comblez !
Mad. Bonneau. — Entre époux, les petits cadeaux entretiennent l'amitié ; que cette montre serve à marquer constamment l'heure de notre félicité en ménage.
Henri, *la prenant, et à part.* — Elle pourrait servir aussi à bassiner les lits de l'établissement.
Mad. Bonneau. — Et tenez, elle marque déjà que vous êtes en retard... Vite, dépêchez-vous... Et moi, de mon côté, en achevant ma toilette, je vais songer au bonheur qui nous attend.

Air : *Walse du pas styrien.*

HENRI.

Bell' cabaretière,
  Ma chère,
C'est vous que je préfère !
  Pour femme
Je vous prends, car mon âme

De flamme
Pour vous brûle, et j' proclame
Voir' cœur,
Mon doux vainqueur.
Jeunesse,
Tendresse,
Sagesse,
Je l' confesse
Sont votre richesse.
Pour bien,
Moi, j' n'ai rien.
Pauvre d'argent, en sentiments j' suis riche ;
D'amour, ma biche,
Je n' s'rai pas chiche ;
Et je veux êtr' fidèl', comme un caniche,
Mari constant,
Toujours amant.
Ici j' vais m'adonner tout entier
Aux soins de mon nouveau métier ;
Je prétends que, dans le quartier,
On me cit' comm' bon ouvrier.
Vous pourrez l' certifier.
Vous m' verrez surtout
M'occuper d' chaque ragoût ;
Mais de la cave avant tout,
Cela rentre plus dans mon goût.
ENSEMBLE.
Bonne espérance!
La chance
Déjà pour nous commence ;
J'aspire
A vivr' sous votre empire,
A dire
Que pour vous je soupire.
Tous deux
Nous serons heureux.

(*Mad. Bonneau rentre dans le cabaret.*)

SCÈNE VI.

HENRI seul, puis ANITA et MARQUITA.

HENRI.—En voilà une veuve qui est pressée de ne plus l'être!... On dirait qu'elle se doute qu'elle va être marquise... Le fait est que tantôt elle le sera... et moi je deviens marchand de vin... il n'y a pas de quoi faire jabot... Tiens, à propos de jabot... j'oublie que je n'en ai pas... Je ne veux pourtant pas me marier sans cela... Ah! j'y suis... avec une feuille de papier blanc je vas m'en découper un soigné, ainsi que des manchettes de même métal... Vite à la besogne!... (*Il rentre dans l'échoppe.*)
ANITA, *entrant, bas à Marquita.*—Ainsi, Marquita, vous êtes sûre que M. Laperrière ne peut prendre d'autre chemin pour regagner sa voiture?...
MARQUITA.—Non, signora... Son cocher, à qui je viens de m'adresser, m'a dit que le comte lui avait donné l'ordre de l'attendre à cet endroit de la place.
HENRI, *à la fenêtre de l'échoppe.* — Qui diable chuchote comme ça sous mon balcon.
ANITA, *bas à Marquita.*—Chut!... on nous observe de cette échoppe.
HENRI, *à part.* — Eh! mais... voici deux petites femmes qui ont l'air assez bien tourné!
MARQUITA, *à Anita.* — Allons-nous-en signora.
ANITA, *de même.* — C'est plus prudent.
HENRI, *vêtu d'une manière ridicule et sortant de l'échoppe.* — Elles font mine de partir .. abordons-les... (*Haut.*) Pardon, mesdames...
ANITA *cache son visage sous sa mantille.* — Que nous veut cet homme?
MARQUITA. — Oh! la drôle de tournure!...
HENRI. — Ces dames attendent quelqu'un?
ANITA. — En effet, monsieur.
HENRI. — Savez-vous qu'il n'est pas sage de rester ainsi au milieu de la rue exposées aux regards des indiscrets... surtout quand on est jolies comme vous êtes, car vous devez être jolies.
MARQUITA, *bas à Anita.*—Pour un ouvrier, il ne s'exprime pas trop mal.
HENRI. — Si vous vouliez entrer dans mon magasin de chaussures, vous seriez plus à votre aise.
ANITA. — Merci de votre offre, monsieur...
MARQUITA. — D'ailleurs la personne qui nous a donné rendez-vous ne peut tarder à venir; elle n'a que quelques renseignements à prendre dans les environs.
HENRI. — Des renseignements?... mais que ne s'est-elle adressée dans cette boutique... Voilà le bureau, le vrai bureau ; moi et le père Gauthier, mon associé, nous connaissons tous les habitants du quartier.
ANITA. — Vous pourriez peut-être donner l'adresse d'un seigneur qu'on soupçonne retiré dans ce faubourg.
HENRI. — Un seigneur!... et qu'on nomme?...
ANITA. — Lusigny.
HENRI, *surpris.* — Comment? c'est le marquis de Lusigny ?
ANITA. — Le connaîtriez-vous?
HENRI, *à part.* — On me cherche?... Que signifie?..,
ANITA. — Vous ne répondez pas?...
HENRI.—Ah! si je le connais?... mais certainement... c'est mon voisin, mon intime. (*A part.*) Si je pouvais savoir !
ANITA, *à part.* — Quelle heureuse découverte!...
HENRI, *à part.* — Tâchons de les faire jaser. (*Haut.*) Si vous daignez prendre la peine d'entrer .. je puis vous dire...
JEAN, *à part sur le seuil de la porte du cabaret.* — Que vois-je? mon rival en tête à tête avec deux femmes! Courons vite prévenir la bourgeoise. (*Il rentre.*)
ANITA. — Non, merci... et puisque la personne qui a promis de venir nous retrouver, n'arrive pas, nous allons...
HENRI. — Déjà!...

SCÈNE VII.

LES MÊMES, MAD. BONNEAU, JEAN.

JEAN, *bas à madame Bonneau, derrière laquelle il se tient.* — Tenez!... qu'est-ce que je vous disais, la bourgeoise ?
MAD. BONNEAU, *à part.* — Le perfide!...
HENRI, *à part.* — Ma veuve! je suis pincé.
MAD. BONNEAU, *à Henri.* — C'est donc comme ça que vous vous apprêtez ?
JEAN, *tirant madame Bonneau par sa robe.*—Ferme, la bourgeoise.

MAD. BONNEAU.

Air de la Savonnette.

Se conduir' de la sorte,
Vraiment, c'est une horreur !
La colèr' me transporte !
Vous n'êtes qu'un trompeur !
J' vous dérang', n'est-c' pas ? c'est dommage,
Je trouble un bien doux entretien.

ANITA.
Quelle est cette femme...

HENRI.
J'enrage.

Écoutez-moi !...

MAD. BONNEAU.
J' n'écoute rien.
Ici j'en vois d' belles
A ces péronnelles
Que contiez-vous donc ?
HENRI.
Mon sang bout.
MARQUITA, à mad. Bonneau.
Ménagez vos term's, surtout !
MAD. BONNEAU.
Je n' ménage rien du tout !...
Reprise.
ENSEMBLE.

MAD. BONNEAU.	HENRI.
Se conduir' de la sorte,	En criant de la sorte,
Vraiment, c'est une horreur !	Ell' croit me faire peur !
La colèr' me transporte,	Que le diable l'emporte,
Vous n'êtes qu'un trompeur !	Je ris de sa fureur.
ANITA, MARQUITA.	JEAN.
Pourquoi donc de la sorte	S'ils pouvaient de la sorte
Montrer autant d'humeur ?	Se brouiller... quel bonheur !
Elle crie et s'emporte;	La scène sera forte,
Mais d'où vient sa fureur ?	J'en ris au fond du cœur.

HENRI. — Ne faites pas attention, mesdames, je vous prie.. Et vous, chère amie, du calme si c'est possible !
MAD. BONNEAU. — C'est affreux !... un jour de mariage, délaisser ainsi une pauvre femme, pour qui ?.. pour des aventurières !...
HENRI. — Veuve Bonneau, la jalousie vous égare !...
JEAN, *bas à madame Bonneau.* — Ferme, la bourgeoise !...
MAD. BONNEAU. — Ce n'est pas feu Bonneau qui m'aurait fait un trait semblable..
JEAN, *bas.* — Ni moi non plus, la bourgeoise !...
MAD. BONNEAU. — Dieu sait ce qui se serait passé sans ce brave garçon qui a eu la délicatesse de m'avertir.
JEAN, *la tirant par sa robe.* — Qu'est-ce que vous dites donc là ?...
HENRI. — Comment, c'est toi, mauvais laveur d'écuelles !
JEAN, *même jeu.* — Vous avez fait un beau coup.. allez !...
HENRI. — Ah ! tu te charges de m'espionner ?...
JEAN. — Défendez-moi, la bourgeoise !...
MAD. BONNEAU, *se plaçant entre eux.* — Henri !... ne touchez pas à ce jeune homme.
HENRI. — Laissez-moi seulement le casser en deux, pour voir si les morceaux en sont bons.
JEAN. — Diable ! comme il y va ! Otez-vous d' là, la bourgeoise, gare !... que je passe... (*Il se sauve dans le cabaret.*)
HENRI, *le poursuivant.* — Attends, attends; ton compte est bon !... (*Il sort en poursuivant Jean.*)
MAD. BONNEAU. — Henri ! Henri ! grâce pour lui ; je vous pardonne.

SCÈNE VIII.

ANITA, MARQUITA, LAPERRIÈRE.

ANITA. — Quelle esclandre !... retirons-nous. Mais n'est-ce pas le comte que j'aperçois ?...
MARQUITA. — Lui-même !... ce n'est pas malheureux.
ANITA, *à Laperrière qui entre.* — Enfin, vous voilà, monsieur...
LAPERRIÈRE. — Que vois-je !... c'est vous signora ?... vous, sous ce costume, et à pied... Que signifie ce déguisement ?
ANITA. — Voici une heure que nous sommes à votre recherche..
LAPERRIÈRE. — Quelle imprudence ! courir ainsi, seule, les rues... vous pouviez être reconnue... insultée...
MARQUITA. — C'est précisément ce qui vient de nous arriver.
LAPERRIÈRE. — Cela ne m'étonne pas... ces gens du peuple sont d'une insolence... Moi-même, tout à l'heure, j'ai failli être victime... Mais parlons de vous. Que se passe-t-il ?...
ANITA, *lui donnant une lettre.* — Avant tout, lisez ceci...
LAPERRIÈRE. — Une lettre du chevalier de Montressant !... (*La parcourant des yeux.*) Que vois-je ?... on vous menace !... Rassurez-vous, signora, quoi qu'ils fassent, dans peu vous serez, j'espère, à l'abri de leurs coups.
ANITA. — Seriez-vous enfin sur les traces du marquis ?...
LAPERRIÈRE. — Malheureusement je n'ai pu encore découvrir...
ANITA. — Eh bien ! nous sommes plus avancées que vous .. Tout à l'heure le hasard nous a fait parler à un ouvrier qui paraît connaître intimement le marquis.
LAPERRIÈRE. — En vérité... alors nous sommes sauvés.. je cours l'interroger... Où est cet homme ?
ANITA. — Il est entré là, et voilà sa boutique.
LAPERRIÈRE. — C'est bien ; je l'attends ici... Vous, retournez à votre hôtel... je vais faire avancer mon carrosse que vous me renverrez... Ne vous éloignez pas, et surtout cachez-vous bien !... (*Il sort.*)

SCÈNE IX.

ANITA, MARQUITA, MONTRESSANT.

MONTRESSANT, *à part.* — Ah ! ah !... vous ne m'attendiez pas, monsieur le comte ; je vous ai entendu... Que vois-je ?... deux petites bourgeoises seules sur cette place. Plus de doute, il était en bonne fortune !...
MARQUITA, *bas à Anita.* — Ciel !... M. de Montressant !...
ANITA, *à part.* — Le chevalier ! nous sommes perdues !...
MONTRESSANT, *à part.* — Voyez-vous le vieux Lovelace !
ANITA, *à Marquita.* — Baissons nos mantilles et tâchons de lui échapper.
MONTRESSANT, *à part.* — Je suis curieux de voir s'il a bon goût. (*Examinant Anita et Marquita.*)
MARQUITA. — Comme il nous regarde. (*Elles vont pour sortir, le chevalier se place devant elles.*)
ANITA, *à part.* — Pas moyen de l'éviter.
MONTRESSANT. — Eh bien !... mesdames, vous n'attendez pas M. le comte Laperrière... car c'est lui qui était tout à l'heure avec vous... Cela vous étonne que je sache son nom ?... c'est un de mes amis... Il paraît que vous le connaissez aussi...
MARQUITA, *déguisant sa voix.* — Oh ! fort peu.
MONTRESSANT. — Je comprends ; vous faisiez connaissance... mais rassurez-vous, je serai discret... Levez cette mantille qui vous gêne... il est inutile de vous contraindre davantage avec moi...

AIR *du Baiser au portier.*
Pourquoi cacher votre figure ?
Pourquoi voiler ces jolis yeux

Je devine à votre tournure
En vous quelque chose de mieux !
Pardon, si je suis curieux !...
J'en suis bien sûr, vous êtes belle...
Un pressentiment me le dit ;
Oui, c'est comme la fleur nouvelle,
Qui, par son parfum, se trahit. (*bis*.)

ANITA. — Quel supplice !... personne ne viendra-t-il nous protéger ?...

SCÈNE X.

LES MÊMES, HENRI, *sur le seuil de la porte du cabaret.*

HENRI, *à part.* — Maintenant, allons retrouver nos deux inconnues... Tiens, elles ne sont plus seules... voilà un seigneur qui les serre de près. Écoutons !...

MONTRESSANT. — Eh bien !... vous ne me répondez pas !... D'honneur, vous piquez ma curiosité.. et puisque vous y mettez de l'obstination... je vais par moi-même m'assurer... (*Il se dispose à lever le voile d'Anita.*)

ANITA, *s'échappant et déguisant sa voix.* — Finissez, monsieur, ou j'appelle...

HENRI, *se posant entre Anita et Montressant.* — Halte là !... mon gentilhomme !... puisque vous aimez tant à voir les gens en face, me voilà... Je me suis laissé dire qu'autrefois j'avais d'assez jolis yeux... qu'en dites-vous ?...

MONTRESSANT. — D'où sort ce manant ?...

HENRI. — Et vous ?...

MONTRESSANT. — De quoi te mêles-tu ?...

HENRI. — Je me mêle de ce qui ne vous regarde pas... et si vous n'êtes pas content, je suis prêt à vous rendre raison.

MONTRESSANT. Ignores-tu que tu parles au chevalier du guet !...

HENRI. — Tout chevalier du guet que vous êtes, toutes les fois que devant moi vous aurez le caprice de prendre une femme par la taille, et de vouloir malgré elle la regarder effrontément sous le voile...

MONTRESSANT. — Eh bien ?..

HENRI. — A mon tour, j'aurai la fantaisie de vous prendre par les deux épaules et de vous regarder en face... voilà mon opinion...

ANITA, *s'approchant d'Henri et lui donnant une bourse.* — Oh ! merci, monsieur ; tenez, prenez... jamais je n'oublierai le service que vous m'avez rendu...

HENRI. — Une bourse !...

ANITA, *apercevant le comte.* — Le comte ! Dieu soit loué !...

LAPERRIÈRE, *au fond du théâtre.* — Vous pouvez partir ; ma voiture est là.

ANITA. — Enfin... Suivez-moi, Marquita. (*Elles sortent toutes deux.*)

HENRI, *qui a examiné la bourse.* — De l'or !... je suis volé ; c'était une grande dame !...

MONTRESSANT. — Elles me fuient !... malédiction... c'est sur toi que je me vengerai !...

HENRI. — C'est ce que nous verrons.

LAPERRIÈRE. — Après qui en avez-vous donc, chevalier ?...

MONTRESSANT. — Après ce rustre qui a osé m'insulter...

LAPERRIÈRE. — Cet homme... (*Reconnaissant Henri.*) Mais je ne me trompe pas... c'est le même dont, ce matin, mes gens ont châtié l'insolence...

HENRI. — Ils se portent bien, vos gens ?...

MONTRESSANT. — Il me raille encore, je crois !...

MONTRESSANT. — Tout à l'heure ne voulait-il pas se mesurer avec moi... Ce serait s'encanailler d'une manière impardonnable.

HENRI. — Je n'y tiens plus !...

AIR :

Quand je consens à vous rendre raison,
Vous vous r'tranchez derrièr' votre naissance.
Cette fierté me sembl' hors de saison ;
Car tous les homm's se valent, je le pense ;
Nobl', roturier, doivent verser leur sang,
Quand ils se trouv'nt en pareille équipée ;
Entr' gens d'honneur il n'existe souvent
Que la distance d'une épée.

Ah ! il vous faut des nobles !... Eh bien ! j'en sais un qui pourrait se charger de venger les gens du peuple et moi des insultes de la noblesse... Connaissez-vous le marquis de Lusigny ?...

LAPERRIÈRE. — Qu'est-ce qui a parlé du marquis de Lusigny ?

HENRI. — C'est moi ; et je conseille à M. le chevalier de ne pas se trouver quelque jour au bout de son épée.

MONTRESSANT. — Mais ceci n'a aucun rapport...

LAPERRIÈRE, *à part.* — Serait-ce par hasard l'homme aux renseignements dont me parlait la signora...

MONTRESSANT. — Et je cours chercher main-forte... Précisément mes hommes sont près d'ici...

LAPERRIÈRE. — Un instant, chevalier. (*A part.*) C'est que je ne veux plus qu'on l'arrête à présent. (*Haut.*) Ce garçon n'est peut-être pas si coupable... Que voulez-vous ?... un mouvement de vivacité... Je suis sûr qu'il se repent déjà...

HENRI. — Moi, me repentir !..

MONTRESSANT. — Eh ! quoi !... comte, c'est vous qui priez pour lui ? vous qui me conseillez...

LAPERRIÈRE. Eh ! mon Dieu ! je lui pardonne pour ma part.

HENRI. — Je ne veux pas de votre pardon.

MONTRESSANT. — Vous l'entendez.

LAPERRIÈRE. — Malheureux ! tu te perds !

HENRI. — Tant mieux, je me retrouverai toujours bien.

MONTRESSANT.
Air *de Wallace.*

Il brave ma colère ;
Pour lui point de pardon !
De cet affront j'espère
Avoir bientôt raison.

Reprise.

LAPERRIÈRE.	HENRI.
Il brave sa colère ;	Je brave sa colère,
Pour lui plus de pardon !	Il fait le fanfaron !
Je ne sais plus que faire,	Mais en vain il espère
S'il l'emmène en prison.	Me conduire en prison.

(*Montressant sort.*)

SCÈNE XI.

HENRI, LAPERRIÈRE.

LAPERRIÈRE. — Eh bien ! tu vois où ta mauvaise tête va te conduire... en prison.

HENRI. — Que m'importe ?...

LAPERRIÈRE. — Les soldats du guet vont venir !...

HENRI. — Oh ! ils ne me tiennent pas encore !...

LAPERRIÈRE. — Écoute, mon garçon ; tu m'intéresses... et puis te sauver de leurs mains, si tu consens...

HENRI. — A quoi ?

LAPERRIÈRE. — A me donner les renseignements dont j'ai tant besoin.
HENRI. — Sur qui ?...
LAPERRIÈRE. — Sur le marquis de Lusigny que je cherche, et dont tu as prononcé le nom devant moi... Tu le connais, as-tu dit ?
HENRI. — Comme moi-même.
LE COMTE. — En ce cas, tu dois savoir où il reste ?...
HENRI, à part. — Où veut-il en venir ? (Haut.) Qu'avez-vous à démêler avec le marquis ?
LAPERRIÈRE. — Je viens le trouver pour lui ouvrir de nouveau le chemin de la fortune et à toi aussi, à condition que tu vas m'apprendre...
HENRI. — Ah ça, voyons, entendons-nous... je ne saisis pas bien.
LAPERRIÈRE. — Tiens, prends toujours ces vingt-cinq louis en attendant.
HENRI, prenant la bourse. — Je saisis parfaitement maintenant.
LAPERRIÈRE. — Je t'en promets le double si tes renseignements sont exacts. Voyons, réponds, et surtout parle vite...
HENRI. — Vous engagez trop bien la conversation pour qu'on n'ait pas du plaisir à causer avec vous... Apprenez donc... Ah ça! vous me promettez que mes révélations ne peuvent en rien compromettre la sûreté personnelle de ce pauvre marquis ?...
LAPERRIÈRE. — Je le jure.
HENRI. — Au fait, vous avez l'air d'un brave homme... Eh bien! regardez devant vous.
LAPERRIÈRE, regardant autour de lui. — J'ai beau regarder... je n'aperçois pas...
HENRI. — Je vous crève les yeux !...
LAPERRIÈRE. — Que signifie ?...
HENRI. — Que je suis le marquis de Lusigny en chair et en os!
LAPERRIÈRE. — Ah bah!... comment tu serais... vous seriez... Allons donc, pas de mauvaise plaisanterie...
HENRI. — C'est comme j'ai l'honneur de vous le dire...
LAPERRIÈRE. — Dans cet état!... Je ne reviens pas de ma surprise, et je ne puis croire encore...
HENRI. — Rien n'est pourtant plus véridique...
LAPERRIÈRE. — Je sais bien qu'on m'a dit que la fortune...
HENRI. — M'avait tourné le dos... l'ingrate!... elle a fait comme mes amis et mes maîtresses.
LAPERRIÈRE. — Mais des preuves... des preuves écrites... en avez-vous ?...
HENRI. — Il vous faut des preuves ?... Attendez, je vais vous en chercher. (Il entre dans l'échoppe.)
LAPERRIÈRE. — Est-ce que sans m'en douter j'aurais découvert mon homme ?... (A Henri qui revient.) Hé bien ?...
HENRI. — Tenez, en voilà des paperasses... jetez un coup d'œil là-dessus.
LAPERRIÈRE. — Mais qui vient nous déranger ?...
HENRI. — Ce sont mes amis... Ne faites pas attention... lisez toujours.
LAPERRIÈRE. — Congédiez-les promptement; nous n'avons pas une minute à perdre.

SCÈNE XII.

LAPERRIÈRE, HENRI, THOMAS, GAUTHIER, OUVRIERS.

CHŒUR.
AIR :
Notre toilette est terminée ;
En ces lieux nous revenons tous
Fêter cette heureuse journée
Et le bonheur des deux époux.

THOMAS. — Allons, Henri, viens-tu ?... On n'attend plus que toi... voilà M. le tabellion, il ne faut pas le faire languir...
GAUTHIER. — Un notaire, c'est avare de ses minutes...
LAPERRIÈRE, après avoir lu. — Qu'ai-je vu ?... ces titres... c'est bien lui... (Bas à Henri.) Restez; il faut absolument que je vous parle...
HENRI. — Après la signature du contrat...
LAPERRIÈRE. — Il s'agit d'un mariage ?... Est-ce que vous seriez un des témoins ?...
HENRI. — Mieux que ça !... et, si le cœur vous en dit... je vous invite à ma noce.
LAPERRIÈRE. — Quoi ! vous seriez...
HENRI. — Le marié !...
LAPERRIÈRE, à part. — Le marié !... J'arrive à temps... un instant plus tard, il m'échappait...
THOMAS, à Gautier. — Qu'est-ce qu'il a donc à converser mystérieusement avec ce petit vieux ?...
GAUTHIER. — J'en ignore .. mais ça m'interloque...
LAPERRIÈRE, à Henri. — Ne vous engagez à rien, attendez...
GAUTHIER. — Ah ça... Henri, auras-tu bientôt fini de chuchoter ?
HENRI. — Je suis à vous, mes amis; entrez toujours.
GAUTHIER, à Henri. — Qu'est-ce que c'est que ce particulier-là ?...
HENRI. — C'est un grand seigneur, nous parlons politique.
GAUTHIER. — J'en étais sûr... Méfie-toi, mon garçon .. il veut t'embaucher pour se fourrer dans quelque conspiration contre l'État... Prends garde à la Bastille !
HENRI. — Ah ! à propos de Bastille... vous ne savez pas, les amis, le chevalier du guet, avec lequel je viens d'avoir des mots, m'a menacé de me faire mettre en prison !
THOMAS. — Découcher un premier jour de noce !... ça serait du propre ; je m'y oppose, dans l'intérêt de la morale...
TOUS. — Et nous aussi !...
GAUTHIER. — Eh ben ! ils n'ont qu'à venir, les soldats du guet, ils seront bien reçus !

HENRI.

AIR de la Permission de dix heures.

J'accepte ici votr' généreux renfort,
Frappons en mesure et d'accord ;
Pas d' pitié ! le guet n'est pas fort.
   Ils vont venir
   Me saisir.
   Loin de fuir,
   Je les attends ;
Et s'ils font les méchants,
   L'œil aux aguets,
   Tenez-vous prêts !
   De l'entretien
   Ne perdez rien,
   Observez bien.
Au moment propice,
Je vous donnerai le signal ;
Aux gens d' la police,
Fait's alors danser le grand bal ;
Vers eux, sans retard, en silence
   Rendez-vous ;
Qu'ils tombent sans défense
   Parmi nous
   Sous nos coups
   Tous !

GAUTHIER. — C'est dit... rentrons... et attention, vous autres !

TOUS
Reprise du chœur.
Au moment propice,
Il nous donnera le signal, etc.
(*Ils sortent tous.*)

SCÈNE XIII.

LAPERRIÈRE, HENRI.

LAPERRIÈRE. — Que je suis heureux, monsieur le marquis ; car, d'après ces titres que je viens de parcourir, vous êtes bien noble... il n'y a plus moyen d'en douter... par malheur, vous êtes pauvre en même temps.

HENRI. — Oh ! pour ce qui est de ça, oui ! On pourrait peut-être en trouver un plus noble... mais je défie qu'on m'en montre un plus pauvre.

LAPERRIÈRE. — Je puis facilement réparer cette injustice du sort...

HENRI. — Vous ?...

LAPERRIÈRE. — Quand je dis moi, je me trompe ; je ne suis que le député d'une jeune et jolie femme.

HENRI. — Une jolie femme qui s'intéresse à moi... comment se fait-il ?

LAPERRIÈRE. — Voici le fait. Cette dame est riche... mais sans noblesse ; cependant elle brûle du désir de briller à la cour, où l'appellent sa fortune et sa beauté... mais il lui manque, pour s'y présenter, un rang... un nom... et comme vous avez...

HENRI. — Moi !... je n'ai rien !...

LAPERRIÈRE. — Ne possédez-vous pas des titres ?... Vous avez besoin d'argent : elle vous les achète.

HENRI. — Vrai ! (*A part*) Quelle occasion... Moi qui cherche depuis longtemps à m'en défaire. (*Haut.*) Et quel prix veut-elle y mettre ?

LAPERRIÈRE. — Je parle ici au figuré, car vous n'ignorez pas que vos titres ne peuvent avoir de valeur pour elle qu'autant que vous consentirez à lui donner votre main...

HENRI, *étonné.* — Vous dites ?...

LAPERRIÈRE. — Je dis que je viens de sa part vous proposer un mariage...

HENRI. — Un... un mariage ?... eh bien !... et le mien ?...

LAPERRIÈRE. — Il n'est pas encore fait ; vous le romprez.

HENRI. — C'est impossible !...

LAPERRIÈRE. — Il le faut.

GAUTHIER, *appelant du cabaret.* — Henri !... Henri !...

HENRI. — Tenez, les entendez-vous ?... il m'appellent là dedans ; en conscience, je ne puis pas...

LAPERRIÈRE. — Songez à la nouvelle fortune qui vous attend !... Pour prix du service que vous allez rendre, on paie vos dettes... on dégage une partie de vos biens... de plus, vous recevrez une rente annuelle de six mille livres !

HENRI. — Six mille livres ! diable !... c'est bien tentant...

LAPERRIÈRE. — Ici, la misère, la pauvreté... là-bas, les plaisirs, les richesses...

HENRI, *se montant peu à peu.* — Et avec elles, le jeu... les fêtes somptueuses !...

LAPERRIÈRE. — Grâce à ce mariage, pour vous le passé va revivre.

HENRI. — Et avec lui, les festins tumultueux, les vins exquis... la bruyante orgie... C'en est fait : je suis à vous corps et âme.

LAPERRIÈRE. — Ainsi donc vous épouserez la femme que je vous désignerai ?...

HENRI. — A ce prix-là... je l'épouserai les yeux fermés...

LAPERRIÈRE. — C'est précisément comme cela que je l'entends... Vous vous laisserez conduire et ramener les yeux bandés... seulement, pour signer, on vous ôtera votre bandeau.

HENRI. — Alors je pourrai voir si ma femme est jolie comme vous le dites.

LAPERRIÈRE. — Non, car elle sera masquée ; puis, une fois le contrat signé et la célébration du mariage terminée, M. le marquis quittera l'hôtel de madame la marquise pour n'y jamais rentrer.

HENRI. — Eh quoi ! vous exigez ?...

LAPERRIÈRE. — C'est encore une des clauses expresses du contrat...

HENRI. — Comment, je ne pourrai pas dire en passant un petit bonjour à ma femme...

LAPERRIÈRE. — Eh non ! puisque vous irez vivre en province, où, moyennant les conditions fidèlement exécutées, vous recevez annuellement votre rente... Décidez-vous ?...

HENRI. — Allons ! bah ! je consens ; n'ayant pas vu ma future... je n'aurai pas de regret... je me figurerai qu'elle est laide...

LAPERRIÈRE. — C'est donc marché conclu ?...

HENRI. — Touchez là... Voilà une aventure romanesque... j'aime ça, moi !...

UNE VOIX. — Oh ! hé !... Henri ! allons donc !...

HENRI. — Bon, me voilà entre deux feux... la veuve Bonneau d'un côté... la fortune de l'autre... Ma foi, j'épouse la fortune !...

LAPERRIÈRE. — Venez ; ma voiture est à deux pas.

HENRI. — Marchons !

LAPERRIÈRE. — Ouf !... enfin, je le tiens... Grand Dieu ! qu'est-ce que je vois ?... les soldats du guet, à présent !...

SCÈNE XIV.

LES MÊMES, UN SERGENT DU GUET, SOLDATS, *puis* GAUTHIER, THOMAS, OUVRIERS.

LE SERGENT, *entrant.* — Par ici, vous autres !... placez-vous à toutes les issues !...

LAPERRIÈRE, *à part.* — Nous sommes cernés !...

HENRI. — Nous allons rire !...

LE SERGENT, *examinant Henri.* — D'après le signalement qu'on m'a donné, voici l'individu que nous cherchons. (*S'approchant d'Henri.*) Au nom de la loi et du chevalier du guet, je vous arrête !

CHŒUR.
AIR *de Pierre Lerouge.*
Point de résistance,
Suis-nous vite en prison ;
De ton arrogance,
Nous aurons raison.
Dépêchons, sans plus attendre.

HENRI.
En ce cas,
Je saurai bien me défendre.
N'avancez pas.

LAPERRIÈRE, *se jetant au-devant d'eux.*
Ah ! craignez tout de sa furie,
Brave sergent !

HENRI, *allant à la porte du cabaret.*
Amis, à mon s'cours, je vous prie,
V'là le moment.

GAUTHIER, *se précipitant en scène suivi des ouvriers armés de bâtons.* — Que vois-je! on danse ici les uns sans les autres... Un instant, nous allons vous faire vis-à-vis...

En place pour la contredanse !
Sur le guet tombons sans façon.

HENRI, *prenant un bâton des mains d'un ouvrier.*
Comme chef d'orchestr' je commence ;
C'est moi qui tiendrai le bâton.

ENSEMBLE.
Vengeance ! (*bis.*)
Et tenons bon.

HENRI, *faisant le moulinet.*
Avancez donc !

(*Les soldats du guet s'élancent vers Henri qui rompt en les tenant en respect ; pendant la mêlée, le comte entraîne Henri vers la coulisse. Le guet est mis en fuite ; le comte et Henri disparaissent du côté opposé.*)

SCÈNE XV.

GAUTHIER, THOMAS, OUVRIERS, MAD. BONNEAU, *puis* JEAN.

LES OUVRIERS. — Victoire ! victoire !
GAUTHIER. — Pourvu que mon habit n'ait pas attrapé d'éclaboussures dans la bagarre !... C'est qu'il n'a pas l'habitude de se battre...
THOMAS. — Et encore moins d'être battu.
MAD. BONNEAU, *accourant.* — D'où viennent ces cris ?... que se passe-t-il ?... Pourquoi ces soldats ?...
THOMAS. — Ne voulaient-ils pas emmener Henri !...
MAD. BONNEAU. — O ciel ! où est-il ?...
GAUTHIER. — Grâce à nous, il est sauvé !...
JEAN, *entrant vivement.* — Oui... sauvé... c'est le mot... et il doit être loin s'il court toujours...
THOMAS. — Que veux-tu dire ?...
JEAN. — Que je viens de le voir monter dans une belle voiture avec ce vieux monsieur qui ne le quitte pas depuis ce matin... vous savez bien !...
TOUS. — Que signifie ?...
JEAN. — Puis ils sont partis tous deux au grand galop... comme s'ils avaient le diable en croupe.
THOMAS. — De quel côté ?...
JEAN. — Probablement à l'étranger.
GAUTHIER. — Grand Dieu ! et mon habit !...
MAD. BONNEAU. — Il m'abandonne !... Ah !... je sens que je vais me trouver mal !... le polisson !...

AIR *des Impressions de voyage.*

Sa conduite est infâme !
Quitter ainsi sa femme !
Pour un futur mari
Le trait est inouï.
Avant le mariage,
C'est contraire à l'usage,
C'est scandaleux !
Ah ! c'est affreux,
C'est odieux.
La chance me poursuit, quelle nouvelle épreuve !
Sans êtr' remariée, ah ! déjà je suis veuve !...

THOMAS.
Avec tes deux époux, certes, je plains ton sort.

JEAN,
Oubliez le vivant et remplacez le mort.

THOMAS. — Ne perdons pas tout espoir. Rentrons vite pour prévenir le tabellion de ce retard imprévu...
GAUTHIER. — C'est juste !... Faut pas lui laisser ainsi le bec de sa plume dans l'encre... à ce cher homme...

Reprise.
ENSEMBLE.
TOUS.
Quelle conduite infâme !
Quitter ainsi sa femme !
Oui, c'est pour un mari,
Fuir devant l'ennemi.
Avant le mariage,
C'est contraire à l'usage ;
C'est scandaleux,
Ah ! c'est affreux,
C'est odieux !

MAD. BONNEAU.
Quelle conduite, etc.

(*Ils rentrent tous dans le cabaret. Jean court après madame Bonneau, qu'il retient sur le seuil de la porte.*)

SCÈNE XVI.

MAD. BONNEAU, JEAN.

JEAN. — Un mot... un simple mot, la bourgeoise...
MAD. BONNEAU. — Laissez-moi... je rentre... car la colère me suffoque...
JEAN. — Il y a bien de quoi !...
MAD. BONNEAU. — Tous les hommes sont des monstres !..
JEAN. — Pas tous. Regardez-moi, la bourgeoise ; est-ce que j'ai l'air d'un monstre ?... Ce n'est pas moi qui vous aurais causé ce chagrin-là... O Dieu !... je vous aime trop pour ça...
MAD. BONNEAU. — Mais je me vengerai.
JEAN. — C'est ça, la bourgeoise.. vengez-vous, et prenez-moi pour l'instrument de votre vengeance...
MAD. BONNEAU. — J'en épouserai un autre, n'importe qui... le premier venu.
JEAN. — Si je pouvais être celui-là !...
MAD. BONNEAU. — Vous ?...
JEAN. — Eh ! qui donc ?... il y a assez longtemps que je soupire après ce bonheur-là...
MAD. BONNEAU. — En effet, je me rappelle qu'autrefois...
JEAN. — Je cherchais à me faufiler dans votre cœur... Ah ! si j'avais osé me déclarer !...
MAD. BONNEAU. — Il fallait oser...
JEAN. — Qu'entends-je ?... quoi ?... vous auriez consenti ?
MAD. BONNEAU. — Hélas ! je n'en serais peut-être pas où j'en suis !...
JEAN. — Oh ! non... Et maintenant que vous êtes disponible.
MAD. BONNEAU. — Pas tout à fait !... l'ingrat peut revenir... Mais si aujourd'hui même il n'a pas reparu... demain...
JEAN. — Ah !... n'achevez pas, la bourgeoise... je vas m'évanouir.
MAD. BONNEAU. — Je vous permets d'espérer... Je cours faire part à mon oncle de mon indignation et de ma nouvelle détermination...
JEAN. — Quelle jubilation !...

AIR *du Postillon.*

Cett' douce espérance
Réjouit mon cœur,
Je touche d'avance
Au parfait bonheur !
J' vous aim'rai sans cesse ;
Vous s'rez à la fois
Ma femm', ma maîtresse,
Moi, j's'rai mon bourgeois.

Reprise.
ENSEMBLE.

JEAN.
Cett' douce espérance
Réjouit mon cœur ;
Je touche d'avance
Au parfait bonheur !

MAD. BONNEAU.
Cett' douce espérance
Réjouit son cœur ;
Il touche d'avance
Au parfait bonheur !

SCÈNE XVII.

LES MÊMES, THOMAS, GAUTHIER, OUVRIERS ; *puis* MONTRESSANT *et* HENRI.

MAD. BONNEAU. — Précisément voici mon oncle !...
THOMAS. — Nous sommes désolés, monsieur le tabellion, de ce qui arrive... mais le futur ne peut être loin.. Nous allons courir après lui.
GAUTHIER. — Et après mon habit !...
MAD. BONNEAU. — C'est inutile, mon oncle... Si votre M. Henri a changé d'avis, moi aussi...
THOMAS. — Tu ne te maries plus, à présent ?
MAD. BONNEAU. — Pas avec lui, toujours !
THOMAS. — Et avec qui donc ?...
MAD. BONNEAU. — Avec un brave et honnête garçon, auquel je n'avais pas fait attention d'abord... Il m'est attaché, lui, au moins.
JEAN. — Comme le lièvre à l'ormeau.
THOMAS. — Je ne comprends pas !...
GAUTHIER. — Taisez-vous ; j'aperçois le chevalier du guet qui revient de ce côté à la tête de ses soldats ! Filons vite...
MONTRESSANT. — Restez, que personne ne bouge... Vous avez tout à l'heure protégé la fuite d'un de vos camarades ?...
GAUTHIER. — Nous ? Il a bien su se sauver tout seul.
MONTRESSANT. — C'est égal ; jusqu'à ce que le coupable se retrouve... je vous arrête tous.
TOUS. — Par exemple !
MONTRESSANT. — Silence ! (*Au guet, en désignant Gauthier et Thomas.*) Soldats, emparez-vous des plus mutins. (*Les soldats vont exécuter cet ordre, lorsque paraît une chaise à porteurs ; elle s'arrête au milieu de la scène.*)
TOUS. — Qu'est-ce que c'est que ça ?
HENRI, *les yeux bandés*. — Où me conduisez-vous ?
UN PORTEUR. — On nous a dit de vous descendre ici.
HENRI. — Ah ça, où suis-je ?
THOMAS. — Cette voix ! c'est Henri !
TOUS. — Le malheureux !
GAUTHIER. — Il est pris au trébuchet.
MONTRESSANT. — Eh ! je le reconnais ; c'est mon homme. (*Il lui présente la main.*) Donnez-vous la peine de descendre.
HENRI. — Bien obligé... Qui êtes-vous ?
MONTRESSANT. — Le chevalier du guet.
HENRI, *ôtant vivement son bandeau*. — En vérité. (*Riant.*) Ah ! ah ! la farce est bonne !...

ENSEMBLE.
Air :

HENRI.
Ah ! l'aventure est singulière,
Et le tour est délicieux.
Certes, je ne m'attendais guère
A vous retrouver en ces lieux.

MONTRESSANT.
Enfin, je le tiens, je l'espère.
Pour moi, ce hasard est heureux.
Certes, je ne m'attendais guère
A le retrouver en ces lieux.

TOUS.
Ah ! l'aventure est singulière,
Pourquoi revient-il en ces lieux ?
Ceci cache quelque mystère
Qui va s'expliquer à nos yeux.

MONTRESSANT, *à Henri*. — Suivez-moi.
HENRI. — Avant de vous suivre, monsieur le chevalier, permettez-moi de mettre ordre à mes affaires... Je dois une explication à ces braves gens, surtout à madame.
MAD. BONNEAU, *à part*. — Ah ! je respire !
JEAN. — V'là mon mariage flambé.
MONTRESSANT. — En ce cas, faites vite !... (*Il va au fond du théâtre et parle au sergent, auquel il donne des instructions.*)
THOMAS, *à Henri*. — Ah ça ! d'où sors-tu ?...
GAUTHIER. — Oui ; explique-nous !...
HENRI. — Tel que vous me voyez, je sors de me marier.
TOUS. — De se marier !...
GAUTHIER. — Qu'est-ce qu'il dit ? qu'est-ce qu'il dit ?...
THOMAS. — Es-tu fou ?...
HENRI. — J'ai toute ma raison... mais ce qui aurait pu me la faire perdre, c'est l'aventure qui vient de m'arriver... J'étais sur cette place, ne pensant qu'au bonheur d'être à votre charmante nièce, lorsqu'on est venu m'enlever de vive force... dans une voiture magnifique... On m'a conduit dans un superbe hôtel, où tout était préparé pour une cérémonie nuptiale... Là, on m'a présenté une femme que je suppose jolie, car elle était masquée... On m'a supplié de lui donner ma main et mon nom en échange d'une rente de six mille livres... Que voulez-vous ?... j'ai accepté.
TOUS. — Qu'entends-je ?
HENRI. — Puis on m'a congédié... Voilà toute l'histoire.

CHŒUR.
Air *de la Pie voleuse.*

Ah ! c'est infâme !
D'une autre femme
Il devient le mari.
Aujourd'hui,
C'est faire injure
A sa future.
D' sa trahison
Il faut avoir raison.

MONTRESSANT.
Mais qu'avez-vous à crier de la sorte ?
(*à Henri*) Dépêchons-nous ! venez, on vous attend !

THOMAS.
Au chevalier, amis, prêtons main-forte,
Pour qu'on le mette en prison maintenant.

Reprise.
ENSEMBLE.
Ah ! c'est infâme, etc.

HENRI. — Chevalier... je suis à vous... mais, avant tout, veuillez lire ce papier... signé de M. le lieutenant de police.
MONTRESSANT. — Donnez ! (*Lisant.*) « Laissez circuler librement dans Paris M. le marquis de Lusigny... » Qu'ai-je lu ?... que signifie ?... Comment, vous seriez ?...
HENRI. — Le marquis en personne.
TOUS. — Lui !
MONTRESSANT. — Pardonnez mon erreur... Si j'avais pu deviner... Monsieur le marquis, reprenez votre sauf-conduit ; je me retire... (*A ses soldats.*) Allons, vous autres, suivez-moi. (*Il salue Henri et sort avec ses soldats.*)
HENRI. — Eh bien ! mes amis, vous voilà bien étonnés, n'est-ce pas ?...
THOMAS. — Qu'est-ce qui aurait jamais dit ça ?...
GAUTHIER. — Et moi qui vous faisais raccommoder

des vieilles savates, à un marquis... Je ne me le pardonnerai jamais.
MAD. BONNEAU. — Ni moi d'avoir pu penser qu'un grand seigneur pouvait s'allier à une pauvre cabaretière comme moi.
HENRI. — Il n'y a pas de mal, mes amis... A propos, madame Bonneau, je vous dois un mari... vous l'aurez!... Jean, que voici, ne demande pas mieux que de le devenir... et vous-même, vous n'êtes pas très-éloigné... Je m'étais aperçu depuis longtemps de cet amour mutuel.
MAD. BONNEAU. — Mais, monsieur le marquis..
HENRI. — Allons!.. allons!... c'est décidé... je vous unis, je vous bénis, et je vous... dote... Tiens, Jean!... prends cette bourse, et offre-la à ta femme.
JEAN. — Merci, mon bienfaiteur!.. Eh ben! la bourgeoise, acceptez-vous?...
MAD. BONNEAU, *regardant la bourse*. — Il le faut bien!... (*A part, regardant Henri.*) C'est égal... c'est dommage!...
TOUS. — Vive M. le marquis!
GAUTHIER. — Oui, vivat mon ami M. le marquis!,..
HENRI. — Quant à vous, papa Gauthier, je n'oublierai jamais votre généreuse hospitalité... vous ne me quitterez plus... Et d'abord, je vous emmène avec moi à Rouen, qu'on m'a assigné désormais pour résidence, (*A part.*) jusqu'à ce que j'aie retrouvé ma femme, avec laquelle je prétends bientôt faire connaissance.

GAUTHIER. — Vrai! vous m'emmenez? alors je me cramponne à vous! je dis adieu au métier... à l'échoppe... Ah! fi! je la méprise à présent, mon échoppe... Et tenez, voilà le cas que j'en fais. (*Il se précipite vers sa boutique.*) Au diable les vieux souliers... les vieux cuirs... les vieux outils... les vieilles savates. (*Il jette tous ces objets au milieu de la place.*)
THOMAS. — Arrêtez, père Gauthier!
GAUTHIER. — Non, laissez-moi; dans ma joie, je suis capable de jeter tout l'établissement par la fenêtre!
HENRI. — Et vos pratiques?
GAUTHIER. — Elles iront nu-pieds.

CHOEUR.
AIR *de la Tentation.*

A la joie, à l'ivresse,
Livrons-nous'en ces lieux;
Le diabl' n'est pas sans cesse
A la porte des gueux.

THOMAS.
Chantons tous la louange
De notre bon marquis.

GAUTHIER.
Si la fortune change,
Restons toujours amis.

Reprise.
ENSEMBLE.
A la joie, à l'ivresse, etc.

FIN DU DEUXIÈME ACTE.

ACTE TROISIÈME.

Les trois premiers plans sont occupés par un petit salon richement meublé. A droite, une psyché; à gauche, un canapé et une toilette avec tout ce qu'il faut pour écrire. Plusieurs grands portraits. Portes latérales. Trois grandes portes au fond, ouvertes sur un salon orné de lustres et de candélabres, et décoré pour un bal.

SCÈNE PREMIÈRE.

(*Au lever du rideau, Anita est assise devant sa toilette, occupée à essayer plusieurs bijoux qu'elle tire d'un écrin; Marquita est debout derrière elle.*)

MARQUITA. — Oh! les jolis bijoux! voilà surtout une parure de diamants qui produira un effet merveilleux dans le bal que vous donnez ce soir!...
ANITA. — Vous trouvez?... En vérité, le comte me gâte... Il me croit coquette... il a tort... A qui chercherais-je à plaire?... Assurément ce n'est ni au chevalier de Montressant... ni au baron de Mirecourt.
MARQUITA. — A propos, votre départ va les désespérer; car vous comptez toujours vous mettre en route cette nuit?
ANITA. — Oui, après le bal... J'ai hâte d'aller prendre possession de ma nouvelle propriété de Montfort, et mettre ainsi, par un séjour de trois mois dans cette terre, un terme aux éternelles protestations d'amour de ces messieurs.
MARQUITA. — Après vous avoir boudée pendant quelque temps, ils sont revenus plus passionnés que jamais.
ANITA. — Seulement aujourd'hui que je suis marquise et qu'ils me supposent veuve... ils veulent tous deux m'épouser...

MARQUITA. — C'est beaucoup plus moral!...
ANITA. — Ils se plaignent de mes rigueurs... et me menacent de mettre tout en œuvre pour arriver à posséder ma main... Malheureusement pour eux je ne suis pas veuve... et puis je ne les aime pas... ma pensée est ailleurs... Je ne puis effacer de mon souvenir les traits de ce seigneur que je vis, hier encore, chez madame de Berny... qu'il est bien mieux qu'eux tous!
MARQUITA. — N'est-ce pas lui qui, m'avez-vous dit, a ramassé cette fleur tombée de votre ceinture?...
ANITA, *soupirant*. — Et qui me l'a rendue!... La voici... mais n'y veux plus penser. (*Attachant la fleur à son corsage.*) Je jetterai cette fleur; je ne veux pas qu'il la voie...
MARQUITA. — Il doit donc venir?...
ANITA. — Est-ce que je ne vous ai pas dit que je l'avais invité à ma soirée?
MARQUITA. — Alors madame mettra-t-elle ses bijoux?
ANITA. — Portez-les dans ma chambre; je m'en parerai ce soir; M. le comte le veut absolument. (*A part.*) Et puis lui me trouvera plus jolie!
UN DOMESTIQUE, *annonçant*. — M. le comte Laperrière! (*Le comte entre aussitôt; le valet se retire, ainsi que Marquita, qui entre dans le cabinet à droite; elle emporte l'écrin.*)

SCÈNE II.

ANITA, LE COMTE.

Le Comte. — C'est moi, belle marquise! ne vous dérangez pas... Je viens vous apprendre le résultat de mes démarches au sujet de votre bal...

Anita. — Eh bien!

Le Comte. — Tout a réussi au delà de mes espérances!... On s'arrache vos invitations.

Anita. — En vérité!... Et mesdames de Liéven, de Solanges?...

Le Comte. — Elles ont promis de venir, quoiqu'elles n'aient pas oublié tout à fait l'aventure des cabinets.

Anita. — Mes deux ennemies chez moi! Savez-vous que c'est un triomphe?

Le Comte. — Ah! dame, j'ai agi en profond diplomate... du reste, comme en tout ce que j'ai entrepris jusqu'à ce jour pour vous plaire... Cruelle! après tant de peines, tant de soins, me sera-t-il permis d'espérer la récompense promise?

Air de Partie et Revanche.

C'est une dette, et vous tiendrez, j'espère,
Tout ce qu'ici votre bouche a promis!
Réglons enfin, notre compte, ma chère;
Car les bons comptes font les bons amis..
Mon amour vous fit mainte avance
Dont il entend tirer profit;
Voici le jour de l'échéance.

ANITA.
Vous me ferez encor crédit.

Vous êtes pressant, mon cher comte.

Le Comte. — Non, mais je suis pressé... car enfin récapitulons : vous vouliez être grande dame?... Depuis deux mois vous êtes l'épouse du marquis de Lusigny ; une fois le contrat signé, vous avez sagement prévu que porter ce nom c'était mettre sur vos traces votre mari, que nous avions pris tant de soins à dérouter. Vous m'avez alors donné vingt-quatre heures pour parer à notre imprévoyance, et avant ce délai, grâce à une terre dont je fis l'acquisition pour vous, dans les yeux du grand monde la marquise de Montfort... Vous brûliez du désir d'être reçue à la cour et dans ces cercles où tous nos grands seigneurs?... Par mon crédit, les salons de Versailles et ceux de la haute aristocratie vous sont ouverts!... On a bien un peu jasé sur le compte de votre mari, qu'on ne voyait jamais avec vous... mais, au moyen d'une mission importante que j'ai imaginée, cette absence a été sans peine motivée... Comme l'ambassade n'avait pas de terme, et que les conjectures recommençaient, plus inquiétantes que jamais, c'est encore moi qui ai eu l'ingénieuse idée de faire passer le marquis pour mort; et, grâce au deuil que vous avez porté, à la tristesse que vous avez feinte, cette nouvelle s'est trouvée justifiée...

Anita. — Je n'oublierai de ma vie ce que vous avez fait pour moi... et rien ne saurait détruire les relations d'amitié qui nous unissent ; l'apparition du marquis pourrait seule...

Le Comte. — Oh! pour celui-là, je suis sans crainte. Ainsi que je vous l'ai raconté, je l'ai conduit moi-même jusqu'à Rouen, qu'il ne peut quitter désormais sans risquer de perdre pour toujours la pension de six mille livres que vous lui faites parvenir par l'entremise d'un banquier de mes amis, que j'ai chargé en même temps de me tenir au courant de la conduite de votre mari... Voilà encore une affaire que j'ai menée d'une manière assez adroite, je m'en vante!...

Un Domestique, *entrant*. — Monsieur le comte?

Le Comte. — Qu'est-ce?

Le Domestique. — Une lettre très-pressée de votre banquier de Rouen, qui vous attend à votre hôtel. (*Le domestique sort.*)

Le Comte. — C'est bon ; donnez!... Vous permettez?..

Anita. — Lisez, monsieur le comte, lisez vite!...

Le Comte, *lisant*. — « Monsieur le comte, depuis que « j'ai eu l'honneur de vous voir, le marquis de Lusigny ne « s'est présenté une seule fois chez moi, comme cela « avait été convenu... J'ai fait prendre sur lui des infor- « mations dans la ville... et j'ai appris, hier seulement, « qu'il avait disparu le jour ou le lendemain de son ar- « rivée à Rouen... On le suppose à Paris, où je me suis « moi-même transporté en toute hâte, afin de savoir de « vous le parti que vous voulez prendre. »

Anita. — Qu'entends-je?

Le Comte. — Je n'ai pas une goutte de sang dans les veines!...

Anita. — Plus de doute! le marquis ne revient à Paris que pour se mettre à ma recherche.

Le Comte. — C'est possible. Heureusement il ne vous connaît pas; le nouveau nom que vous portez, le voyage que vous avez projeté, la vente de votre ancien hôtel... tout enfin nous met à l'abri de ses poursuites.

Anita. — Quoi qu'il en soit, si je n'écoutais que ma frayeur, je partirais à l'instant même.

Le Comte. — Y pensez-vous? et votre bal... vos nombreuses invitations?.. d'ailleurs cette lettre de mon banquier n'est peut-être pas aussi alarmante que vous le supposez.

Anita. — Voyez-le sur-le-champ; moi, pendant ce temps, je vais achever ma toilette de bal et hâter mes préparatifs de départ. (*Elle entre dans sa chambre, le comte se dirige vers le fond.*)

SCÈNE III.

LE COMTE, HENRI, GAUTHIER.

Le Comte, *à Henri et à Gauthier, qui se sont arrêtés sur le seuil de la porte.* — Messieurs, passez, je vous prie...

Henri. — Nous n'en ferons rien.

Gauthier. — N'allez-vous pas vous disputer... Je coupe le différend en deux. (*Il entre le premier; Henri le suit, puis le comte sort, les deux derniers se saluent en s'examinant. Gauthier élevant la voix.*) Eh quoi! personne pour nous recevoir... pas un laquais... pas la moindre servante!...

Henri. — Taisez-vous donc, père Gauthier; est-ce ainsi qu'on se présente? et l'étiquette, mon cher!...

Gauthier. — Diable d'étiquette! c'est vrai, j'oubliais... Ah çà! où me menez-vous aujourd'hui!

Henri. — Chez la marquise de Montfort...

Gauthier. — Je comprends; c'est la petite marquise dont vous m'avez tant parlé, et dont nous sommes amoureux.

Henri. — Et à laquelle je viens faire ma cour.

Gauthier. — Il paraît qu'elle reçoit... Il règne dans cet hôtel un mouvement, un air de fête...

Henri. — Qui ne doit pas vous surprendre. Elle donne ce soir un bal masqué auquel je suis invité.

Gauthier. — Ça s'trouve bien; je suis tout déguisé!...

Henri. — Puisque nous sommes seuls... respirons un peu...

Gauthier. — J'y consens d'autant plus que j'étouffe dans cet habit de grand seigneur... Ouf!...

Henri, *s'étendant dans une bergère.* — Me voici donc chez elle... dans son brillant hôtel.

GAUTHIER, *de même.* — Ah, mon Dieu! on enfonce là dedans comme dans un fromage à la crème!...
HENRI, *regardant autour de lui.* — Quel luxe! l'ameublement surtout est du dernier goût... Vrai, autrefois je n'aurais pas mieux choisi. (*Il secoue avec son mouchoir la poussière de sa chaussure.*)
GAUTHIER, *l'imitant gauchement.* — Ni moi non plus!... C'est un peu plus cossu que dans notre échoppe!...
HENRI. — Eh bien! père Gauthier!...
GAUTHIER. — Eh bien! cher marquis!...
HENRI. — Êtes-vous fâché de m'avoir accompagné?...
GAUTHIER, *se levant.* — Moi! et ne vous suis-je pas partout?...

Air : *L'hymen est un lien charmant.*

Notre amitié ne l' cède en rien
Au sieur Pylade, au sieur Oreste ;
Pas plus qu'à saint Roch, on l'atteste,
Qu'on voit partout avec son chien.
Sur tous ces gens je prends modèle ;
Bref, je veux qu'on dis' désormais,
En m' voyant chaqu' jour de mon zèle
Vous donner un' preuve nouvelle ;
Ce bon saint Antoine jamais
N'eut de compagnon plus fidèle !

HENRI, *se levant.* — J'espère que, grâce à moi, vous voilà lancé dans le grand monde.
GAUTHIER. — Mais, oui! ça ne commence pas mal... C'est égal, j'ai toujours peur de rencontrer quelques anciennes pratiques...
HENRI. — Eh! qui diable, sous ce costume, pourrait se douter...
GAUTHIER. — Il est vrai que nous sommes furieusement changés à notre avantage... vous surtout...
HENRI. — Le hasard me mettrait nez à nez avec le vieux comte Laperrière en personne, qu'il ne me reconnaîtrait pas.
GAUTHIER. — C'est qu'il est bien loin de soupçonner que vous êtes dans la capitale... il vous croit toujours à Rouen...
HENRI. — D'où il ignore qu'il m'a ramené lui-même. Ah! je l'ai joué d'une façon assez originale...
GAUTHIER. — A propos, vous ne m'avez pas dit...
HENRI. — Comment le fait s'est passé, c'est juste ; vous n'avez pu m'accompagner... Eh bien! le soir de mon mariage, il me fait monter avec lui en chaise de poste : nous partons tous deux de Paris, lui s'applaudissant de son adresse, moi avec un parti bien arrêté, celui de connaître ma femme et de me servir de lui pour parvenir à cette découverte. Arrivés à Rouen, le comte me présente à son homme d'affaires, puis se hâte de retourner à l'hôtel, afin de gagner bien vite Paris, où il brûle de rendre compte à la nouvelle marquise du succès de sa mission... Quand il remonte en voiture, je suis à la place du postillon que j'ai gagné et dont j'ai pris les habits... Grâce à l'obscurité de la nuit, je reconduis moi-même au grand galop le comte, qui ne peut me reconnaître et qui est surpris d'une pareille vitesse... Bref, dix heures après notre départ, il descendait dans la cour de la marquise et me congédiait après m'avoir donné un pourboire que je me gardai bien de refuser, mais que je ne lui avais guère mérité... je l'avais versé deux fois en route...
GAUTHIER, *riant.* — Ah! ah! bien joué, foi de gentilhomme!
HENRI. — Malheureusement, deux jours après, lorsque je me présentai chez ma femme, je ne trouvai plus personne... l'hôtel avait été vendu de la veille...
GAUTHIER. — L'oiseau était déniché!
HENRI. — Et jusqu'à présent nous n'avons pas été heureux dans nos recherches... Voilà deux grands mois que je vous traîne à ma suite dans tous les salons de Paris, et nous ne sommes pas plus avancés qu'au premier jour. Votre emploi est bien simple pourtant, il consiste à vous placer dans un fauteuil près de la porte d'entrée, à écouter de vos deux oreilles l'annonce que fait l'huissier de chaque personnage qu'il introduit, et à observer avec soin si l'on ne prononce pas le nom de la marquise de Lusigny.
GAUTHIER. — Eh bien! qu'est-ce que je fais?...
HENRI. — Vous dormez... sans songer que nos ressources s'épuisent, et que si dans quelques jours nous n'avons pas découvert ma femme et fait augmenter par elle ma modique pension, ma détresse sera telle qu'il me faudra cesser de voir cette charmante marquise de Montfort, dont je suis fou... Mais voici du monde : à nos rôles.

Air : *J'entends partout que l'on critique.*

N'allez pas oublier le vôtre ?...

GAUTHIER.

Mon cher, ici, ne craignez rien,
Quand il faut, j'ai tout comme un autre
De la tenue et du maintien.
D'un grand seigneur, je vous le jure,
Je prendrai le ton haut et vain ;
Je tâch'rai d' cacher ma posture
Et qu'on n' lis' pas sur ma figure
Que j' suis vilain.

HENRI. — Ne parlez pas trop surtout!...
GAUTHIER. — Je ne vous réponds pas de ma langue... elle tourne quelquefois...

SCÈNE IV.

LES MÊMES, MIRECOURT, MONTRESSANT.

MIRECOURT. — Les salons se remplissent déjà de toutes parts... Le bal de la marquise promet d'être nombreux.
HENRI, *bas à Gauthier.* — Dieu me damne! c'est M. de Montressant!
GAUTHIER, *de même.* — Le chevalier du guet ; filons vite.
HENRI, *bas à Gauthier.* — Il ne me reconnaît pas ; j'en étais sûr. Payons d'audace...
MONTRESSANT. — Pardon, messieurs, de ne pas vous avoir aperçus...
MIRECOURT. — A ce que je vois, ces messieurs attendent, comme nous, que le bal commence...
HENRI. — Mon Dieu! oui.
MIRECOURT. — Il me semble que c'est la première fois que nous avons l'honneur de vous rencontrer dans les salons de madame de Montfort.
HENRI. — Je n'ai l'avantage de connaître la marquise que depuis peu. Mon ami et moi, (*Bas à Gauthier.*) saluez donc!... nous sommes nouvellement débarqués dans la capitale... J'arrive du Poitou...
GAUTHIER, *salue ridiculement.* — Et moi de la Sainte Onge!...
HENRI. — Je suis un gentilhomme poitevin...
MONTRESSANT. — Votre nom, sans indiscrétion?...
HENRI, *cherchant.* — Le marquis de... Rochebrune...
GAUTHIER. — Et moi le chevalier de Saint-Crépin... pour vous servir...
HENRI, *bas à Gauthier.* — Taisez-vous donc!...
MONTRESSANT. — Voici un nom original!...
GAUTHIER. — N'est-ce pas? il me vient d'un pied-à-terre que j'ai...
HENRI. — Je viens à Paris dans l'intention d'y de-

meurer quelques mois, et M. le chevalier que voilà, (*Bas à Gauthier.*) saluez encore !... (*Haut.*) en qualité de voisin de campagne, a voulu m'accompagner dans mon voyage... Nous courons ensemble les bals, les spectacles, les fêtes... et nous n'avons pu résister au désir d'assister à la soirée de la marquise de Montfort, où doit, dit-on, se trouver réunie l'élite de la noblesse parisienne et toute la jeunesse dorée...

Mirecourt. — En effet, vous ne pouviez mieux choisir...

Gauthier. — Nous ne serons pas dépareillés ici !...

Mirecourt. — Comment donc? certainement! de nobles gentilshommes comme vous ne sont jamais déplacés nulle part ; car, d'après ce que vous dites, vous êtes nobles...

Henri. — Je suis issu d'une des meilleures familles du Poitou, qui a fourni trois évêques, un maréchal et deux généraux de galères.

Gauthier. — Moi, j'ai eu trois chevaux tués... sous un de mes frères, à la bataille de Fontenoy !...

Henri. — J'ai de la fortune, et j'ai besoin de me faire quelques amis pour m'aider à tuer le temps et à manger agréablement mon revenu, que malgré toute ma bonne volonté, je ne puis parvenir à dépenser au fond de ma province...

Montressant. — A ce prix-là, vous n'en manquerez pas... et nous serions flattés pour notre part de devenir les compagnons de plaisir d'un gentilhomme d'aussi belles manières...

Mirecourt. — Oh ça, de grand cœur !...

Henri. — J'accepte volontiers.

Gauthier. — Moi aussi... les amis de mon ami sont mes amis !...

Henri. — Et pour commencer... vous me mettrez au courant des personnes qu'on reçoit ici aujourd'hui.

Mirecourt. — Vous y verrez d'abord quelques jolies femmes... beaucoup de grands noms... puis une foule de jeunes seigneurs qui soupirent en secret pour la reine de ces lieux...

Montressant. — Elle est assez jolie, en effet, pour ne pas manquer de courtisans...

Mirecourt, *prenant Henri à part.* Vous entendez ; en voici déjà un... il en est fou... (*Avec confidence.*) mais c'est moi qu'elle préfère...

Henri, *étonné.* — Ah !...

Montressant, *bas à Henri.* — Ne vous avisez pas de faire la cour à la marquise (*Montrant Mirecourt.*) devant lui surtout... il cherche à lui plaire, mais c'est moi qu'elle aime...

Henri. — Ah ! ah !... (*A part.*) Il paraît que ce sont des rivaux. Il faudra que je tâche de m'en débarrasser.

Mirecourt. — Messieurs, voici la marquise de Montfort, ainsi que tous les invités.

Montressant. — Courons lui présenter nos hommages !...

SCÈNE V.

Les Mêmes, ANITA, *sortant de sa chambre à gauche*, Invités, *arrivant par le fond.*

Chœur et morceau d'ensemble.

Air de Charles Tolbecque.

Nous réclamons votre présence
Avant de commencer le bal.
Ah ! du plaisir et de la danse
Venez nous donner le signal !...

ANITA.
Mes amis, je vous remercie
De votre empressement. (*A part.*) C'est lui que j'aperçoi.

HENRI, *à part.*
La voilà donc ! qu'elle est jolie !
Ma présence ce soir la trouble, sur ma foi !

GAUTHIER, *bas à Henri.*
Vous êtes interdit, ce m' semble.
Qu'avez-vous donc, marquis, à réfléchir ?...
L' plaisir en ces lieux nous rassemble,
Je n' vous quitt' pas... restons ensemble !

(*Ici la musique se fait entendre dans les salons.*)

TOUS.
L'orchestre résonne et vient nous avertir.
Le bal commence,
Que l'on s'élance.
Vite à la danse
Il faut courir.

GAUTHIER. — Allons, messeigneurs, la main aux dames... je donne l'exemple... (*Il va prendre sans façon la main d'une dame.*)

TOUS. — Quel est cet original ?...

MONTRESSANT, *à Anita.*
Me sera-t-il permis, madame,
D'ouvrir le bal avec vous.

MIRECOURT, *même jeu.*
Je réclame
Même faveur......

ANITA.
Mais, messieurs, sur mon âme
Je ne puis pas vous contenter !...

GAUTHIER, *à part.*
Moi, je veux faire aussi sauter un' grande dame.

(*Henri s'avance vivement vers la marquise, au moment où Mirecourt et Montressant se disposent à lui prendre la main. Bas à Anita qu'il attire sur le devant de la scène.*)

Belle marquise, ici daignez rester !
J'ai deux mots à vous dire...

ANITA.
A moi. (*A part.*) Que signifie ?

HENRI.
Accordez-moi cet instant de bonheur.

ANITA.
Parlez.

HENRI.
Seuls !... sans témoins.
(*A part, voyant la fleur que porte Anita.*)
Oh ! mon âme est ravie
Elle a gardé ma fleur !

CHŒUR.
Amis, partons ; en son absence,
Oui, commençons toujours le bal ;
Car du plaisir et de la danse
L'orchestre donne le signal.

(*Gauthier s'est emparé de la main d'une dame et sort d'une façon burlesque. Tous se retirent, excepté Henri et Anita.*)

SCÈNE VI.

ANITA, HENRI.

Henri. — Pardon, madame, si je vous retiens !...

Anita. — Je suis désolée, monsieur ; mais le bal va commencer... et je dois...

Henri. — Un instant, de grâce... avant de vous y rendre... Permettez-moi de vous adresser mes remerciements...

Anita. — Des remerciements ?... et pourquoi ?...

Henri. — Pour votre aimable invitation...

Anita. — Je réunissais dans mes salons l'élite de la noblesse... votre place n'était-elle pas ici ?...
Henri. — Prenez garde, madame, vous allez me rendre fier de mes titres !... Merci à mes vieux parchemins, si c'est à eux que je dois cet honneur...
Anita. — Et puis ne m'aviez-vous pas manifesté le désir d'assister à une de mes réunions. Comme seigneur étranger dans la capitale, vous étiez curieux, disiez-vous, de vous trouver en présence des notabilités aristocratiques que je reçois ; je n'ai pas cru devoir refuser...
Henri. — Et je vous en sais gré, madame ; il est vrai, depuis longtemps je cherche l'occasion de me rencontrer avec les grands seigneurs de la cour... de me faire parmi eux des connaissances, des amis... Mais le véritable motif de ma présence chez vous aujourd'hui était, j'en conviens, de me rapprocher de vous, de vous voir, de vous parler...
Anita. — En vérité !... Ah ! monsieur le marquis, ce n'est pas bien... tromper ma bonne foi... (*A part.*) Je m'en doutais...
Henri. — Eh bien oui, madame ; il me tardait de me trouver seul avec vous, pour vous exprimer le sentiment profond, durable, éternel, que votre vue a fait naître en moi...
Anita. — Savez-vous, monsieur le marquis, que voici des paroles qui ressemblent beaucoup à une déclaration ?...
Henri. — Vous déplairait-elle ?...
Anita. — Je ne dis pas cela... mais à peine si nous nous connaissons...
Henri. — Est-ce que vous ne croyez pas aux passions subites, instantanées ?... Quant à moi, depuis le jour où j'eus le bonheur de vous voir chez madame de Berny, depuis ce jour, dis-je, votre image est restée là... je vous aime... je vous adore...
Anita. — Vous, monsieur le marquis !...
Henri. — En doutez-vous ?... les démarches que j'ai faites jusqu'aujourd'hui, mon obstination à suivre tous vos pas au bal, au spectacle, au concert, tout enfin ne vous dit-il pas...
Anita. — Assez ! assez, marquis... Ma présence est sans doute réclamée dans mes salons, et je vais... (*Fausse sortie.*)
Henri, *la retenant.* — Encore un mot, je vous prie... mais pardon, j'oubliais en effet ce que cette conversation plus qu'intime pourrait avoir d'alarmant pour vos adorateurs, s'ils savaient par hasard...
Anita. — Je n'ai donné à aucun d'eux le droit de surveiller ma conduite... une seule personne aurait pu s'alarmer de vos confidences...
Henri. — Monsieur votre père ?...
Anita. — Non ; mon mari...
Henri. — Grand Dieu ! vous seriez mariée...
Anita. — Je suis veuve !...
Henri. — Vous êtes veuve !... quel bonheur !...
Anita. — Comment ?...
Henri. — Non, je me trompe... quel malheur... Votre veuvage m'explique alors la présence de ces jeunes seigneurs qui encombrent vos salons, et qui, sans doute, ambitionnent la faveur d'obtenir votre main...
Anita. — Il est vrai, depuis cette époque plusieurs d'entre eux sont vraiment d'une assiduité désespérante.
Henri. — Et vous écoutez leurs doux propos d'amour ? Peut-être déjà en est-il un dans le nombre que vous avez remarqué ?...
Anita, *avec intention.* — Je l'avoue ! un seul entre tous...
Henri. — Ah ! madame, n'achevez pas ! Je le vois, je m'étais bercé d'un fol espoir... j'étais un insensé ! et plutôt que de voir se réaliser par un autre que par moi le bonheur auquel j'aspire, je suis prêt à m'éloigner pour toujours...
Anita. — Rassurez-vous, marquis, je n'ai pas encore songé à former de nouveaux liens ; et si jamais je m'y décidais...
Henri. — Me serait-il encore permis...
Anita. — D'espérer ?... peut-être !...
Henri. — Je puis donc vous aimer ?

ANITA, *à part.*
Air *de la Valse dans la prairie.*
Aveu charmant
Qui me trouble et m'agite.
C'est étonnant
En ce moment
Comme mon cœur palpite.
Mais maintenant
A le tromper j'hésite ;
Car aujourd'hui
Il veut ici
Devenir mon mari.
(*A Henri.*) Il faut nous séparer.

HENRI.
Restons encore ensemble.

ANITA.
Je tremble
Qu'on ne vienne en ces lieux
Nous surprendre tous deux.

HENRI.
D'un mot d'espoir encore, ah ! rassurez mon âme.
Madame,
Je tiens à votre amour.

ANITA.
Vous l'avez en ce jour.

Reprise.
ENSEMBLE.

HENRI
O doux instant !
Ah ! quel trouble m'agite !
C'est étonnant
En ce moment
Comme mon cœur palpite.
L'honneur pourtant
A l'éclairer m'invite.
Ma femme aussi
M'empêche ici
D'être un jour son mari.

Oh ! désormais ma vie, mon sang, sont à vous... Permettez-moi de presser cette main contre mes lèvres... que je prenne un à-compte sur mon bonheur futur.
Anita. — Que faites-vous, marquis ?... Prenez garde, de cette galerie, des masques nous observent...
Henri. — Vous avez raison, madame ; rentrons dans le bal ; mais nous reprendrons cet entretien.
Anita. — Volontiers...

HENRI.
Air *de la valse de Giselle.*
Rentrons dans les salons, belle marquise,
Acceptez ici mon bras sans trembler.

ANITA, *à part.*
Quel ton charmant et quel air de franchise !
Si mon mari pouvait lui ressembler !

HENRI, *à part.*
Quoique je ne puisse en faire ma femme,
Tâchons pourtant de lui plaire aujourd'hui.
Emparons-nous de son cœur, de son âme,
J'aime bien mieux être amant que mari.

Reprise.
ENSEMBLE.
HENRI.
Rentrons dans les salons, belle marquise,
Acceptez ici mon bras sans trembler.

De ses attraits, oui, mon âme est éprise.
Ma femme, hélas! devrait lui ressembler.
ANITA.
De ses discours, oui, mon âme est éprise.
Acceptons ici son bras sans trembler.
Quel ton charmant et quel air de franchise!
Si mon mari pouvait lui ressembler!
(*Ils sortent.*)

SCÈNE VII.

MIRECOURT, MONTRESSANT, MARQUITA.

MONTRESSANT. — Ah ça, où cours-tu donc, baron... tu abandonnes déjà le bal?...

MIRECOURT. — Ne m'en parle pas... on étouffe là dedans, et je suis bien aise de respirer un peu... Ouf!... (*Il se jette dans un fauteuil.*)

MONTRESSANT. — Et moi aussi!... (*Il s'assied.*)

MIRECOURT. — Je parie deviner ce qui t'attire en ces lieux...

MONTRESSANT. — Je gagerais que c'est le même motif qui t'y amène...

MIRECOURT. — Tu conviens donc que c'est pour la marquise?...

MONTRESSANT. — Et toi?...

MIRECOURT. — En effet, son absence m'inquiète...

MONTRESSANT. — Elle n'a pas encore paru dans les salons...

MIRECOURT, *apercevant Marquita tenant plusieurs cartons à la main.* — Mais j'aperçois Marquita; elle va peut-être nous dire... Où est ta maîtresse?... réponds....

MARQUITA. — Oh! ne me retenez pas, messeigneurs... je suis très-pressée...

MIRECOURT. — Un instant! Où vas-tu avec tout cet attirail?...

MONTRESSANT. — Qui donc se met en voyage?...

MARQUITA. — Eh bien! madame...

TOUS DEUX. — Comment?...

MARQUITA. — Elle part cette nuit en compagnie de M. le comte Laperrière...

TOUS DEUX. — Elle part!...

MONTRESSANT. — Et pour quel motif?...

MARQUITA. — Vous ne savez donc pas... Le défunt n'est pas mort...

MIRECOURT. — Qui?...

MARQUITA. — Eh bien! le marquis... le mari de madame!...

MIRECOURT. — Comment?... son mari... Ah ça! voyons, explique-toi...

MARQUITA. — Il est à Paris... Mais vous me faites jaser, et je suis sûre que la chaise de poste est déjà dans la cour... Adieu, messeigneurs; surtout ne dites rien... c'est un secret... (*Elle sort.*)

MONTRESSANT. — Eh bien! baron... tu l'as entendu... Qu'en dis-tu?...

MIRECOURT. — Elle n'était donc pas veuve?...

MONTRESSANT. — Elle s'était jouée de nous... Oh! mais, n'importe! veuve ou mariée, il faut à tout prix retenir la belle fugitive.

MIRECOURT. — Et si nous ne pouvons empêcher ce départ, du moins partir avec elle...

MONTRESSANT. — Comment s'y prendre?...

MIRECOURT. — Parbleu! un enlèvement...

MONTRESSANT. — Elle n'y consentira jamais...

MIRECOURT. — Une idée! En faisant courir le bruit de bal de l'apparition du marquis qu'on semble tant redouter, on effraiera la marquise, qui bien certainement viendra se jeter dans les bras de celui qui lui offrira appui et protection... Tâchons seulement que ce bonheur soit réservé à l'un de nous..

MONTRESSANT. — Tu as raison; aussi, dès ce moment, au plus adroit...

MIRECOURT. — C'est ça... chacun pour soi...

MONTRESSANT. — Mais nous ne pouvons lui faire nous-mêmes une pareille ouverture...

MIRECOURT. — Voilà la difficulté... Où trouver un ami dévoué et désintéressé qui se charge...

MONTRESSANT, *à part.* — Eh mais... ce gentilhomme poitevin qui paraît si bien avec la marquise, si je le mettais dans ma confidence?...

MIRECOURT, *de même.* — Si je m'adressais à cet étranger?...

MONTRESSANT. — Surtout que mesdames de Solanges et de Liéven ne se doutent pas...

MIRECOURT. — C'est juste... elles sont si jalouses!...

MONTRESSANT. — Séparons-nous donc. Bonne chance, baron...

MIRECOURT. — Bonne réussite, chevalier... Ciel! ces dames...

SCÈNE VIII.

LES MÊMES, MESD. DE SOLANGES ET DE LIÉVEN.

MAD. DE LIÉVEN. — Ah! enfin vous voilà, messieurs!...

MADEM. DE SOLANGES. — Nous étions bien sûres de vous trouver dans ce petit salon, si voisin de l'appartement de la marquise...

MONTRESSANT. — Vous l'attendiez sans doute pour lui faire votre cour?...

MONTRESSANT. — Nous n'aurions garde maintenant...

MIRECOURT. — Son mari n'aurait qu'à nous surprendre!

MAD. DE LIÉVEN. — Son mari! puisqu'elle est veuve..

MIRECOURT. — Elle ne l'est plus!...

MONTRESSANT. — Il est revenu de l'autre monde où l'avait envoyé sa femme...

LES DEUX DAMES. — En vérité!...

MIRECOURT. — Je le suppose même dans le bal, caché sous un déguisement...

MADEM. DE SOLANGES. — Mais qui peut vous faire croire...

MONTRESSANT. — On l'a vu...

MAD. DE LIÉVEN. — Tout à l'heure, en effet, je me rappelle!... un groupe s'était formé autour d'un étranger...

MADEM. DE SOLANGES. — Dont la mise ridicule et les manières communes faisaient le sujet de toutes les conversations...

MIRECOURT. — Ça doit être lui... car, avez-vous oublié l'histoire de ce marquis ruiné par ses débauches et que Laperrière a été déterrer...

MADEM. DE SOLANGES. — Où donc?...

MONTRESSANT. — Dans une échoppe de savetier où on l'avait recueilli par charité...

MAD. DE LIÉVEN. Vraiment... M. de Montfort serait...

MIRECOURT. — Dites donc le marquis de Lusigny... J'ai toujours supposé que ce titre de Montfort, qui vient d'une terre, n'a été acheté que pour en prendre le nom, et donner ainsi le change au mari que la marquise ne pouvait avouer. Mais il paraît probablement qu'il aura découvert dans madame de Montfort la marquise de Lusigny, sa femme.

Madem. de Solanges. — Nous comprenons alors ce prétendu veuvage...

Mad. de Liéven. Ah! madame la marquise... vous que cette alliance rendait si fière avec nous... c'est à notre tour de vous humilier...

Madem. de Solanges. — Nous l'attendons ici...

Montressant, *bas à Mirecourt*. — Nous en voilà débarrassés...

Mirecourt, *bas à Montressant*. — Sans s'en douter, elles vont servir nos projets...

Montressant. — Vous restez, mesdames? nous, nous retournons dans les salons répandre cette heureuse nouvelle.

Mirecourt. — Et faire en même temps connaissance avec ce fameux marquis de Lusigny. (*Ils sortent tous deux d'un côté, Gauthier entre de l'autre; il tient une serviette sous le bras, et à la main un verre de champagne dans lequel il trempe plusieurs biscuits.*)

SCÈNE IX.

MADEM. DE SOLANGES, MAD. DE LIÉVEN, GAUTHIER.

Mad. de Liéven, *bas à mademoiselle de Solanges*. — Le voici!... Tenons-nous à l'écart...

Madem. de Solanges, *de même*. — Observons-le...

Gauthier, *sans les voir*. — Ça va bien! ça va bien!... personne ne me reconnaît.

Mad. de Liéven. — Que dit-il? écoutons!...

Gauthier. — Ma foi! il y a longtemps que je ne m'étais trouvé à pareille fête... Le mystère me chausse...

Mad. de Liéven, *à mademoiselle de Solanges*. — Tâchons de le faire jaser!...

Gauthier, *les voyant*. — Du sexe ici!... Soyons aimable!... (*Haut.*) Mesdames... (*Il salue.*)

Mesd. de Liéven et de Solanges *font la révérence*. — Monsieur le marquis!...

Gauthier, *à part*. — Elles me prennent pour un marquis... Il paraît que j'ai bon ton. (*Haut.*) Eh bien! mes petites mères, nous ne dansons pas... C'est pas pour dire, mais ils gigottent joliment là dedans...

Madem. de Solanges. — Fi! quel ton!...

Gauthier. — Après ça, vous avez raison... on vous marche sur les pieds... Et pour ceux qui ont des cors, c'est contrariant... et puis il y a une cohue... un monde... le diable n'y retrouverait pas ses petits...

Madem. de Solanges. — Quel langage!...

Mad. de Liéven. — Il est amusant... Il faut en rire!...

Gauthier. — Ce n'est pas que la société ne soit bien choisie...

Mad. de Liéven. — Madame la marquise ne reçoit chez elle que des personnes de distinction...

Gauthier. — Vertuchoux! je ne serais pas venu sans cela...

Mad. de Liéven. — Je le crois!...

Madem. de Solanges. — Que dites-vous de nos grandes dames, de leurs toilettes?...

Gauthier. — J'aime mieux la pâtisserie; elle est excellente ici... Madame la marquise fait bien les choses... les rafraîchissements y sont du meilleur goût...

Mad. de Liéven. — Mais vous-même, monsieur le marquis, vous ne dansez donc pas?...

Gauthier. — Oh! moi, je ne danse jamais que devant le buffet...

Mad. de Liéven. — Ces dames ne vous le pardonneront pas; car lorsqu'on a votre grâce, votre tournure...

Gauthier. — Ne m'en parlez pas... J'ai fait bien des

malheureuses dans ma vie... Un jour... (*Apercevant un domestique qui passe avec un plateau.*) Garçon... par ici, bonhomme... Je suis altéré en diable... Ces dames accepteront bien quelque chose aussi... Eh bien! il ne m'écoute pas... le maroufle... Garçon! garçon!... (*Il court après lui et disparaît.*)

Madem. de Solanges. — Eh bien! il nous laisse!... Voilà un procédé!...

Mad. de Liéven. — Suivons-le, ma chère... Cet original promet d'égayer cette soirée... Je me fais un malin plaisir de railler la marquise sur le choix d'un mari qu'elle nous donnait pour la fleur de la chevalerie et de la galanterie française...

Air : *Arthur, c'est toi*.
Observons cet original,
Et ne le perdons pas de vue,
Je veux être au milieu du bal,
Témoin de l'entrevue;
En présence de son mari
Mettons cette ancienne chanteuse.
MADEM. DE SOLANGES.
La reconnaissance aujourd'hui
Doit être en effet curieuse.
Reprise.
ENSEMBLE.
Observons cet original, etc. (*Elles sortent.*)

SCÈNE X.

HENRI, *puis* MIRECOURT.

Henri, *entrant en réfléchissant*. — Ce que vient de m'apprendre dans le bal M. de Montressant ! serait-il vrai... Quoi la marquise veut s'éloigner!... dans quel but?... Pourquoi m'en avoir fait un mystère, et quel peut être ce comte qui doit l'accompagner?... Du reste, le plaisant de l'affaire, c'est que le chevalier veut absolument enlever la marquise, et qui prend-il pour confident, qui charge-t-il de parler en sa faveur, qui veut-il enfin qui le seconde dans cette entreprise... moi, son rival... Ah! ah!... j'en rirai longtemps...

Mirecourt, *entre mystérieusement*. — Ah! monsieur de Rochebrune... Vous êtes seul?...

Henri. — Autant qu'on peut l'être au milieu d'un bal...

Mirecourt. — Vous pouvez me rendre un grand service?...

Henri. — Parlez, je suis tout disposé...

Mirecourt. — Vous allez sans doute me trouver bien indiscret!... A peine si je vous connais... mais entre jeunes seigneurs la connaissance est bientôt faite... Vous m'avez plu tout d'abord...

Henri. — Vous m'avez produit le même effet...

Mirecourt. — Alors je vois que je puis me fier à vous!...

Henri, *à part*. — Qu'est-ce qu'il me veut encore celui-là?...

Mirecourt. — Vous n'êtes pas sans vous être aperçu de l'intérêt que je porte à notre jeune marquise... je crois même vous avoir dit que je lui faisais une cour assidue...

Henri, *à part*. — Tiens, il commence juste comme l'autre...

Mirecourt. — Mais au moment où je vais triompher des rigueurs de la cruelle... j'apprends qu'elle part cette nuit...

Henri. — Oui, en compagnie du comte de...

Mirecourt. — C'est cela même... et c'est à ce sujet que je vous demande conseil...

Henri, *à part*. — Ah ça! est-ce qu'il voudrait aussi...

Mirecourt. — Que dois-je faire?...

Henri. — A votre place, j'attendrais son retour...

Mirecourt. — J'aimerais mieux partir avec elle...
Henri, à part. — Absolument comme l'autre!...
Mirecourt. — Si vous vouliez, vous qui paraissez fort bien avec madame de Montfort, vous chercheriez à lui faire comprendre... car vous sentez que je ne puis moi-même...
Henri. — Oui, oui... j'y suis, vous désirez que je la décide... Ah ça! mais... mon cher, vous me donnez là une commission...
Mirecourt. — Qui ne doit rien vous coûter à vous, qui êtes tout à fait désintéressé dans l'affaire...
Henri. — C'est juste, aussi je vais vous donner un moyen. (A part.) Celui que j'ai donné tout à l'heure au chevalier.
Mirecourt. — Voyons, lequel?...
Henri. — Le comte de...
Mirecourt. — Oh! ne prononcez pas son nom devant moi...
Henri, à part. — Il est dit que je ne le connaîtrai pas... (Haut.) Eh bien! le comte et la marquise doivent quitter le bal à la faveur d'un domino rose...
Mirecourt. — Comment savez-vous?..
Henri. — Je suis dans la confidence; prenez un domino de la même couleur...
Mirecourt. — Bien! Après?..
Henri. — Et venez me retrouver ici...
Mirecourt. — Mais expliquez-moi...
Henri. — J'ai mon projet...
Mirecourt. — Je m'abandonne à vous, et vais tout disposer en conséquence... (Il sort.)

SCÈNE XI.

HENRI seul, puis ANITA.

Henri. — Et moi je vais retrouver la marquise; car il faut absolument que je sache quel est ce personnage mystérieux... Précisément c'est elle!...
Anita, à part, en entrant. — Voici l'heure à laquelle le comte doit venir me retrouver... Rentrons vite dans ma chambre. (Apercevant Henri.) Le marquis!...
Henri. — Ah! c'est vous, madame; je vous cherchais!...
Anita. — Que me voulez-vous, monsieur le marquis?...
Henri. — Est-il vrai, madame, que vous partiez cette nuit?...
Anita. — Qui vous a dit?...
Henri. — Un seul mot, que par hasard j'ai recueilli dans le bal, a suffi pour m'apprendre ce départ que vous me cachiez...
Anita. — En effet, des motifs puissants... des considérations de famille... me font un devoir...
Henri. — On ne m'avait donc pas trompé!... Et vous avez cru que je pourrais supporter votre absence?... Non, ne l'espérez pas.. et, dussé-je encourir votre colère, je prétends vous suivre partout où vous irez...
Anita. — Y songez-vous?... ce serait me compromettre... et puis le monde, les convenances...
Henri. — Ces convenances que vous invoquez... ces scrupules que vous mettez en avant, vous les faites taire en faveur d'un autre...
Anita. — Je ne vous comprends pas!...
Henri. — Oh! je sais tout!...
Anita. — Vous savez?...
Henri. — Que le comte de... doit partir avec vous!...
Anita. — Il est vrai...
Henri. — C'est un rival, sans doute!...
Anita. — Sans conséquence, je vous jure!...
Henri. — Prouvez-le-moi, en me permettant de vous accompagner...

Anita. — Ce que vous demandez est impossible... mais plus tard nous nous reverrons... et vous connaîtrez enfin quel motif...
Henri. — Quel est cet homme?... vous dépendez donc de lui?...
Anita. — Il est le confident d'un secret que je ne puis vous révéler encore...
Henri. — Ce secret; je ne cherche pas à le pénétrer... Mais au mystère dont vous vous entourez, aux précautions que vous prenez, on serait tenté de croire que vous craignez d'éveiller les soupçons d'un jaloux...
Anita. — Personne n'a le droit...
Henri. — En effet, il n'y aurait qu'un mari qui pourrait...
Anita. — Ne vous ai-je pas dit que j'étais veuve?...

SCÈNE XII.

Les Mêmes, LE COMTE LAPERRIÈRE; il est couvert d'un domino rose, et tient un masque sur sa figure.

Le Comte, sans voir Henri. — Madame, tout est perdu!...
Anita. — Qu'y a-t-il?...
Le Comte. — Votre mari est dans le bal!...
Anita. — Grands dieux!...
Henri, à part. — Qu'entends-je?.....
Anita, bas au comte, en lui montrant Henri. — Oh! plus bas devant cet étranger!...
Henri, à part. — Son mari!... que signifie?...
Anita, au comte. — Mais êtes-vous bien sûr?...
Le Comte. — Je l'ai reconnu!...
Anita. — Que faire?...
Le Comte. — Partir sans plus tarder...
Anita. — Vous avez raison... Retournez dans le bal... empêchez cet homme d'arriver jusqu'à moi... et dans cinq minutes nous aurons quitté l'hôtel.
Le Comte. — Fiez-vous à moi!... (Il s'éloigne.)

SCÈNE XIII.

HENRI, ANITA.

Henri. — Eh bien! madame la marquise... le voilà donc connu, ce secret... Vous étiez mariée... (A part.) Ma foi! j'aime mieux cela! (Haut.) Et vous n'avez pas eu confiance en moi. Pourquoi ne pas m'avoir dit...
Anita. — Ah! monsieur, je dois en effet vous paraître bien coupable... mais ne m'accusez pas sans m'entendre!... Déjà j'ai été sur le point de vous faire l'aveu de ce fatal mariage, de vous révéler l'existence de celui que tout le monde croyait mort, et qui tout à coup...
Henri. — Est ressuscité si mal à propos pour m'apprendre que vous que j'aimais de l'amour le plus pur, vous que je regardais comme lo but vers lequel devaient tendre tous mes rêves de bonheur et d'avenir, vous êtes la femme d'un autre...
Anita. — Si vous saviez quel homme c'est que ce mari?...
Henri. — N'importe! il n'en existe pas moins!... (A part.) Tâchons maintenant de la faire consentir... Je ne risque plus rien. (Haut.) Vous n'ignorez pas que mon unique pensée était d'obtenir votre main... Oui, j'aurais été fier de vous associer à ma vie... Malheureusement votre mari n'est pas mort. (A part.) Ni ma femme non plus...
Anita. — Oh! ne me donnez pas des regrets inutiles.
Henri. — Mais il ne sera pas dit que cet homme viendra m'arracher impunément ma plus chère illusion...
Anita. — Que prétendez-vous faire?...
Henri. — L'aller trouver, le provoquer, et le tuer...

J'étois habitué à le croire mort, je n'en aurai pas le démenti.

Anita. — Chassez loin de vous cette fatale résolution...

Henri. — Vous l'aimez donc?... et vous craignez pour ses jours.

Anita. — C'est pour vous que je crains... Évitez le scandale d'une semblable affaire ; partez, monsieur.

Henri. — Partir ! y songez-vous ? renoncer au bonheur quand on l'a vu de si près...

Anita. — Eh bien ! puisqu'il le faut, je consens...

Henri, à part. — Je savais bien qu'elle y viendrait.

Anita. — Pourquoi ne suis-je pas libre !...

Henri. — Comme moi, n'est-ce pas ?... rien ne manquerait plus à notre félicité...

SCÈNE XIV.
Les Mêmes, GAUTHIER.

Gauthier. — Bonne nouvelle, marquis, bonne nouvelle ! votre femme est dans le bal.

Anita, à part. — Sa femme !

Henri. — L'imbécile !...

Gauthier. — Je le tiens de deux masques qui causaient entre eux...

Henri. — Vous tairez-vous !... Ne voyez-vous pas...

Gauthier. — Ah ! pardon, je vous dérange... Faites toujours ; je retourne à mon poste. (*Il sort vivement.*)

Anita. — A mon tour... que viens-je d'apprendre... Quoi ! marquis, vous êtes marié !...

Henri. — Je l'avais oublié...

Anita. — Ainsi vous me trompiez ?...

Henri. — Ne m'en veuillez pas de n'avoir pas eu plus de mémoire que vous...

Anita. — Moi qui croyais à la sincérité de vos paroles !...

Henri. — Moi qui me fiais à vos discours !...

Anita. — Vous me cachiez votre mariage...

Henri. — Comme vous m'avez caché l'existence de votre mari...

Anita. — Ah ! c'est mal...

Henri. — Écoutez, marquise ; ne perdons pas un temps précieux en reproches inutiles, et examinons notre situation réciproque... Je suis marié, et vous n'êtes pas veuve... Vous détestez votre époux... moi, je n'ai jamais pu voir ma femme... Vous m'aimez, et je vous adore... Partons ensemble.

Anita. — Non, ne l'espérez plus... Notre position nous impose des devoirs que je saurai remplir... Adieu ! marquis; nous ne nous reverrons jamais... (*Elle rentre dans sa chambre.*)

SCÈNE XV.
HENRI, MIRECOURT.

Henri, *d'abord seul*. — Ah ! madame la marquise, vous croyiez que je vous laisserais fuir, au moment où vous alliez m'appartenir... Vrai Dieu ! je saurai bien empêcher ce départ... Mais par quel moyen ?... le temps presse; (*bruit de voiture.*) la chaise de poste entre dans la cour... Si je pouvais l'envoyer à tous les diables.

Mirecourt, *couvert d'un domino rose*. — Psit, psit...

Henri, à part. — Quel est ce masque ?...

Mirecourt. — C'est moi.

Henri. — Qui, vous ?...

Mirecourt. — Eh bien ! vous ne me reconnaissez pas... Ah ! c'est juste !... (*Il ôte son masque.*) Je suis Mirecourt.

Henri, *avec joie et à part*. — Mirecourt... et moi qui l'avais oublié... C'est le ciel qui me l'envoie ! (*Haut.*) Arrivez donc, mon cher... (*A part.*) Attends ! attends ! je vais te faire voyager, toi !...

Mirecourt. — Eh bien ! avez-vous parlé à la marquise ?

Henri. — L'affaire est arrangée.

Mirecourt. — Vrai... Elle consentirait.

Henri. — Elle a bien fait d'abord quelques difficultés... mais enfin elle a cédé...

Mirecourt. — J'en étais sûr !...

Henri. — Ainsi ne perdez pas de temps ; la voiture est en bas... La marquise vous ordonne de vous blottir dans le coin le plus obscur de la chaise en l'attendant... et, quoi qu'il arrive, de ne pas proférer une parole... Elle vous rejoint dans un instant...

Mirecourt. — Merci, mille fois !...

Henri. — Il n'y a pas de quoi...

Mirecourt. — Ah ! dans ma joie, j'oubliais cette lettre pour madame de Liéven, que probablement je ne reverrai jamais...

Henri. — Donnez ; je m'en charge... Mais on vient. Partez vite !... (*Il le pousse dehors. Montressant paraît.*)

SCÈNE XVI.
HENRI, MONTRESSANT, *couvert d'un domino rose*, puis LAPERRIÈRE.

Henri. — Et d'un !...

Montressant. — Quel est ce domino qui s'échappe par l'escalier dérobé...

Henri. — C'est la marquise, accourez donc, chevalier !... Tout est convenu avec elle ; elle sort à l'instant pour monter en voiture... Elle vous attend !...

Montressant. — Est-ce bien possible ? Ah ! mon ami, ma bourse et mon épée sont à votre service...

Henri. — Ça ne sera peut-être pas de refus. Fuyez sur-le-champ.

Montressant. — Auparavant je dois vous remettre ce billet pour mademoiselle de Solanges, que je quitte pour toujours.

Henri. — Comptez sur moi... (*A part.*) Ah ça ! ils me prennent pour la petite poste. (*Haut.*) A propos : arrivé dans la cour, votre bourse au postillon avec ordre de partir au galop ; mais, une fois dans la chaise, plus un mot.

Montressant. — Marquis, je me souviendrai de vous ; adieu.

Henri. — Allez vite !... Et de deux. (*Le chevalier disparaît. Apercevant le comte couvert d'un domino.*) Encore un domino rose !

Le Comte, à part. — Enfin, tout est prêt pour le départ.

Henri, à part. — Qu'est-ce que c'est que celui-là ?

Le Comte, *à part, se dirigeant vers la chambre d'Anita*. — Sauvons la marquise, avant que l'orage éclate.

Henri, *à part*. — Mais j'y pense... si c'était ce fameux comte de... Je vais m'en assurer. (*Toussant.*) Hum ! hum !...

Le Comte, *se retournant*. — Quelqu'un ici !...

Henri, *faisant des saluts à la fenêtre*. — Adieu donc, madame de Montfort ; bon voyage !... (*Bruit de voiture.*)

Le Comte, *vivement à Henri*. — Qu'est-ce que vous dites donc là... Est-ce que la marquise ?...

Henri. — Elle monte à l'instant en chaise de poste...

Le Comte. — Comment ? sans moi...

Henri, à part. — C'était lui... (*Haut.*) Et M. de Montressant l'accompagne...

Le Comte, *allant à la fenêtre*. — Quelle horrible trahison ! Arrêtez... arrêtez... Mais, eussent-ils une poste

sur moi... je saurai bien les rejoindre... (*Il sort vivement.*)
HENRI, *riant*. — Et de trois... Me voici maître du champ de bataille... Et maintenant allons apprendre de Gauthier ce qu'il sait au sujet de ma femme... (*Il sort.*)

SCÈNE XVII.
ANITA, GAUTHIER.

ANITA, *sortant avec précipitation de sa chambre et allant à la fenêtre*. — Je crois avoir entendu le bruit d'une voiture... Rien encore. Ah çà! à quoi donc pense le comte? veut-il attendre que je me trouve en présence de mon mari?...
GAUTHIER. *Il est gris; il entre sans voir Anita. A la cantonade.* — Ah! ah! ah! merci! messeigneurs... bien des choses chez vous...
ANITA, *à part*. — Quel est cet étranger?... Ah, mon Dieu! si c'était...
GAUTHIER. — Palsembleu! ils m'accablent de politesses!... ils ne se doutent pas que sous cet habit de grand seigneur bat un cœur de savetier!...
ANITA, *à part*. — Que dit-il?
GAUTHIER. — Les malheureux!... sont-ils volés!...
ANITA. — Plus de doute! c'est lui!...
GAUTHIER. — Je me sens tout drôle!... les violons... le vin, les femmes et le pâté... tout ça me porte à la tête...
ANITA. — Et dans quel état, grand Dieu!...
GAUTHIER. — On dirait que les chaises, les bergères et les fauteuils tournent autour de moi... (*Voyant Anita.*) Dieu me damne! Voilà une petite femme là-bas qui valse toute seule. (*S'approchant d'elle.*) A nous deux, ma princesse!
ANITA, *reculant*. — Arrêtez, monsieur... (*A part.*) Et c'est là l'homme que j'ai épousé!...
GAUTHIER. — Ne faites pas de façons avec moi...
ANITA. — Eh quoi! vous avez osé, monsieur, vous présenter ici?
GAUTHIER. — Je n'y suis pas déplacé, je pense... j'ai des formes...
ANITA. — Vous voulez donc me perdre? Est-ce ainsi que vous reconnaissez tout ce que j'ai fait pour vous?...
GAUTHIER. — Le fait est que vous m'avez traité comme un prince (*à part*) que je ne suis pas... (*Haut.*) On est fort bien chez vous, et je sens que j'aurais de la peine à vous quitter!...
ANITA. — Pourtant, monsieur, il le faut...
GAUTHIER. — Comment, déjà?
ANITA. — Songez au monde, à ma réputation...
GAUTHIER. — Je songe plutôt au souper délicieux qui m'attend... à mes nouveaux amis... aux femmes charmantes dont ce bal est parsemé... Et puis je me sens en train de danser; il ne sera pas dit que nous ne ferons pas ensemble une gavotte... un menuet... n'importe quoi!...
ANITA. — Avec moi... y pensez-vous?...
GAUTHIER. — Vous me refusez? Est-ce que vous croyez que je ne connais pas la figure... Vous allez voir,... (*Il se place avec des manières ridiculement, et s'accompagne en chantant.*) Une! deux!... trois! la, la, la, la, etc., etc.
ANITA. — Assez, monsieur. (*A part.*) Je tremble qu'on ne me surprenne avec lui!... Fuyons!... (*Voyant toute la société.*) O ciel! il est trop tard!...

SCÈNE XVIII.
LES MÊMES, MESD. DE LIÉVEN ET DE SOLANGES, MARIGNON, DERVILLY, *puis* HENRI.

TOUS. — Bravo! bravo! monsieur le marquis!...
MAD. DE LIÉVEN. — Continuez, de grâce...
MADEM. DE SOLANGES. — Un mari qui danse avec sa femme, rien n'est plus moral...
ANITA, *bas à Gauthier*. — Puisque vous l'avez voulu, monsieur, soyez témoin de mon humiliation!...
MAD. DE LIÉVEN, *à Anita, qui est restée immobile, appuyée contre un fauteuil*. — Nous ne pouvons résister, madame, au désir de vous complimenter sur le retour du marquis que vous avez tant pleuré, (*Passant près de Gauthier.*) et qui, je le vois, se porte à merveille...
GAUTHIER. — Mais, oui, ça va bien; tant mieux... merci; et vous?...
ANITA, *à part*. — Quel supplice!...
MADEM. DE SOLANGES, *même jeu*. — Je prends une part bien vive à votre bonheur, madame... (*Passant devant Gauthier.*) Marquis, enchantée de faire votre connaissance...
GAUTHIER. — Je suis vraiment-t-honteux, mesdames!...
TOUS. — Ah! ah! ah! délicieux!...
HENRI, *paraissant au fond et à part*. — Que se passe-t-il?... Écoutons..
MARIGNON. — Et c'est là votre mari... ce fameux marquis de Lusigny...
HENRI, *à part*. — Que dit-il?... quel mystère!
MARIGNON. — Il a tout au plus les façons d'un laquais de bonne maison.
HENRI, *à part*. — L'insolent!...
ANITA. — Monsieur!...
GAUTHIER. — Qu'est-ce qu'il vous dit donc, celui-là?...
ANITA, *à Gauthier*. — Ne voyez-vous pas que ces hommes et ces femmes m'insultent... et qu'ils vous jettent le mépris et l'affront au visage?...
GAUTHIER. — Vous croyez?...
ANITA. — Imposez-leur donc silence, monsieur!...
GAUTHIER. — Et moi qui prenais ça pour des compliments... Ah! on se moquait de moi... ah! on vous insultait... Corbleu!.. tête-bleue.. ventrebleu... messeigneurs... vous allez avoir affaire... (*Voyant Henri.*) à mon ami....

SCÈNE XIX.
LES MÊMES, HENRI.

(*A la vue d'Henri, Anita court au-devant de lui.*)

HENRI, *d'une voix haute*. — Ne craignez rien, madame; remettez-vous. J'ai tout entendu, et je ne souffrirai jamais que l'on outrage devant moi la marquise de Lusigny, ni le noble nom qu'elle porte.
MAD. DE LIÉVEN. — Il paraît que monsieur se fait le champion de l'innocence de madame... il aura fort à faire...
HENRI. — De grâce, mesdames, ne parlez pas de vertu.
MAD. DE LIÉVEN. — Et pourquoi, s'il vous plaît?...
HENRI. — Parce qu'il y a beaucoup de grandes dames qui en raisonnent un peu comme les aveugles des couleurs.
MADEM. DE SOLANGES — Ne croirait-on pas, en vérité, que nous avons dix adorateurs, du ton dont vous parlez?...
HENRI. — Je suis trop galant pour supposer... D'ailleurs, j'ai pour principe, mesdames, de ne jamais croire que la moitié de ce qu'on dit...
MARIGNON. — Cessez, monsieur; car sans la politesse, qui nous fait un devoir d'éviter le scandale en présence de ces dames..

HENRI, *l'interrompant.* — Vous êtes beaucoup trop polis, messieurs...
MAD. DE LIÉVEN. — Voilà la première fois que je suis témoin d'un pareil éclat...
MARIGNON. — C'est que dans les salons que vous fréquentez, on ne reçoit que des gens de noblesse authentique...
HENRI. — Quoique je ne vous dise pas mon nom, qu'il vous suffise de savoir que je suis plus noble qu'aucun de vous.
GAUTHIER. — Et moi, je suis d'une des premières maisons de Paris (*à part.*) en entrant par la place Maubert.
HENRI. — J'ai à moi seul plus de quartiers de noblesse que vous tous.
GAUTHIER. — Pour ma part, j'en ai quatre, comme la lune...
DERVILLY, *bas à Marignon.* — Je saurai bien s'il est aussi noble qu'il le dit; je verrai demain le garde-des-sceaux...
HENRI. — Ne commettez pas cette imprudence... Si M. le garde-des-sceaux vous tient une fois, il ne vous laissera plus partir.
TOUS, *riant.* — Ah! ah! ah!..
MAD. DE LIÉVEN. — Pourquoi MM. de Mirecourt et de Montressant ne sont-ils pas là... ils sauraient imposer silence...
HENRI. — A propos, mesdames... j'oubliais de vous dire que ces messieurs voyagent en ce moment... et voici deux lettres qui vous apprendront... (*Il les leur remet.*)
MAD. DE LIÉVEN et MADEM. DE SOLANGES. — Qu'ai-je lu?...
HENRI. — Mon Dieu, oui, madame, le baron de Mirecourt fuit en chaise de poste avec une personne que vous connaissez beaucoup.
MADEM. DE SOLANGES. — Est-ce que ce serait avec le chevalier de Montressant, par hasard?
HENRI. — Précisément, mademoiselle; croyant enlever la marquise de Lusigny, ces messieurs s'enlèvent réciproquement...
TOUS, *riant.* — Ah! très-bien... c'est charmant...
HENRI. — Et le comte de... court après tout le monde... (*Grand bruit dans la coulisse.*) Et tenez, les voici...

SCÈNE XX.

LES MÊMES, MIRECOURT, MONTRESSANT, LAPERRIÈRE. (*Ils entrent au milieu des éclats de rire de chacun.*)

MIRECOURT. — C'est une infamie!..
MONTRESSANT. — Une horrible trahison!..
LAPERRIÈRE. — Je suis brisé...
MONTRESSANT. — Je donnerais deux cents louis pour rencontrer le traître qui a osé...
HENRI. — Déjà de retour!...
MONTRESSANT et MIRECOURT. — Ah! c'est vous?...
HENRI. — Comment s'est passé votre voyage?...
MIRECOURT. — Trêve de plaisanteries?...
MONTRESSANT. — Vous nous en rendrez raison.
HENRI. — A l'instant même! Je n'ai jamais su refuser une partie d'honneur! Voyons, quel est celui qui se dévoue...
MIRECOURT et MONTRESSANT. — Moi!...
HENRI. — L'un après l'autre, s'il vous plaît. Allons, messieurs, les témoins, veuillez nous suivre. (*Fausse sortie.*)
ANITA, *se jetant entre eux.* — Arrêtez, messieurs! arrêtez!...

HENRI. — Laissez-moi faire, madame; votre honneur sera à jamais vengé... c'est au mari à prendre la défense de sa femme...
TOUS. — Que dit-il?...
ANITA. — Quoi! vous seriez...
HENRI. — Le marquis de Lusigny... Mais ne voyez toujours en moi, madame, que le marquis de Rochebrune... Je m'éloigne; dites ce que vous attendez de M. de Lusigny... Je vais lui porter vos ordres... et quels qu'ils soient, je vous jure qu'il y souscrira...

ANITA, *troublée.*

AIR : *Ce que j'éprouve en vous voyant.*

S'il était là, de mon erreur
Je n'oserais, en conscience,
Lui faire ici la confidence;
Mais à vous, son ambassadeur,
Je ne crains pas d'ouvrir mon cœur.
Si je m'adressais à lui-même,
Ah! quel serait mon embarras!
A vous seul je le dis tout bas.
Il peut revenir, car je l'aime,
(*Lui tendant la main.*)
Ou plutôt qu'il ne parte pas.

HENRI. — Oh! je suis le plus heureux des hommes!... (*Il se jette à ses genoux.*)
ANITA. — Messieurs, permettez-moi de vous présenter enfin M. le marquis de Lusigny, mon mari.
LAPERRIÈRE, *étonné.* — Vraiment! et moi qui ne vous ai pas reconnu...
HENRI. — Pourtant nous avons voyagé ensemble, cher comte; je suis le postillon qui ai eu l'honneur de vous verser deux fois en route...
LE COMTE. — J'aurais dû m'en douter. (*A part.*) Je n'ai pas eu la main heureuse...
GAUTHIER. — Décidément, le vieux n'a pas de chance au bilboquet; il s'est flanqué la boule dans l'œil, comme dit c' l'autre.
MAD. DE LIÉVEN, *bas à mademoiselle de Solanges.* — Voilà un mari qui rendra nos futurs plus fidèles!...
MIRECOURT, *bas à Montressant.* — Nous perdons la marquise, mais ces dames nous restent.
GAUTHIER. — Ah ça! et moi, qu'est-ce que je vais devenir?...
HENRI. — Vous, mon cher Gauthier, vous pouvez compter à l'avenir sur mon amitié et sur ma bourse.
GAUTHIER, *lui serrant la main.* — J'accepte l'une et je prends l'autre!...

CHŒUR.

AIR :

Tous deux enfin de leur tendre constance
Vont recevoir le doux prix en ce jour.
Leur cœur joyeux se livre à l'espérance;
Il n'est plus rien qui manque à leur amour.

ANITA, *au public.*

AIR : *Je sais arranger des rubans.*

Sans le savoir, j'adorais mon mari.
HENRI.
Sans la connaître ici, j'aimais ma femme,
ANITA.
Faites, messieurs, des heureux aujourd'hui;
Daignez couronner notre flamme.
HENRI.
Le hasard nous a réunis;
Nous séparer, vraiment, serait dommage.
ANITA.
Vous êtes tous des juges trop polis
Pour casser notre mariage.
Reprise du Chœur.
Tous deux enfin, etc.

FIN.

À LA MÊME LIBRAIRIE

THÉÂTRE-COMTE
Répertoire dramatique des Familles et des Pensions
CHOIX DES MEILLEURES PIÈCES JOUÉES SUR CE THÉÂTRE.

CHAQUE PIÈCE

Imprimée avec soin dans le format in-18, sur beau papier

Se vend séparément 60 cent.

Paris. — Typographie Lacrampe et Comp., rue Damiette, 2.

A LA MÊME LIBRAIRIE.

THÉATRE-COMTE

Répertoire dramatique des Familles et des Pensions

CHOIX DES MEILLEURES PIÈCES JOUÉES SUR CE THÉATRE.

CHAQUE PIÈCE

Imprimée avec soin dans le format in-18, sur beau papier

SE VEND SÉPARÉMENT 60 CENT.

Paris. — Typographie LACRAMPE et Comp., rue Damiette, 2.

www.ingramcontent.com/pod-product-compliance
Lightning Source LLC
Chambersburg PA
CBHW060713050426
42451CB00010B/1419